Ich lese nicht ich
denke selbst

Christoph Duwe

ich lese nicht ich denke selbst

eine weltanschauliche Essaysammlung

Bibliografische Information der Deutschen Nationalbibliothek
Die Deutsche Nationalbibliothek verzeichnet diese Publikation in der
Deutschen Nationalbibliografie; detaillierte bibliografische Daten
sind im Internet über http://dnb.d-nb.de abrufbar.

Christoph Duwe
ich lese nicht ich denke selbst
eine weltanschauliche Essaysammlung

Berlin: Pro BUSINESS 2011

ISBN 978-3-86805-854-3

1. Auflage 2011

© 2011 by Pro BUSINESS GmbH
Schwedenstraße 14, 13357 Berlin
Alle Rechte vorbehalten.
Produktion und Herstellung: Pro BUSINESS GmbH
Gedruckt auf alterungsbeständigem Papier
Printed in Germany
www.book-on-demand.de

---

book-on-demand ... Die Chance für neue Autoren!
Besuchen Sie uns im Internet unter www.book-on-demand.de

Zum Autor

Christoph Duwe, Jahrgang 1968, aufgewachsen in Stade, Elbe, wo er mit seinen Eltern und zwei älteren Brüdern eine glückliche Kindheit erlebt. 1972 wird Progressive Muskeldystrophie (fortschreitender Muskelschwund) diagnostiziert, in deren Folge er seit 1980 ständig im Rollstuhl sitzt. Nach dem Abitur 1988 studiert Duwe Systematische Musikwissenschaft an der Uni Hamburg und arbeitet als freischaffender Musikkritiker. Seit 1996 lebt er in Hamburg Eppendorf.

Duwes eigentliche Berufung ist die Musik: Er spielt Piano, Synthesizer und Schlagzeug, komponiert Songs und hat mehrere Platten veröffentlicht, sowohl als Solist (unter dem Pseudonym DAVENUE) als auch mit verschiedenen Bands. Dazu kommen Engagements als DJ.

Mit weltanschaulichen Themen beschäftigt sich Duwe seit frühester Jugend intensiv, nicht zuletzt wegen seiner eigenen gesundheitlichen Situation. „Ich lese nicht ich denke selbst – eine weltanschauliche Essaysammlung" ist Duwes erste Buchveröffentlichung.

Infos unter www.davenue.de

Umschlagfoto: Caspar Viereckel

Umschlaggestaltung: Christoph Duwe

Vorwort *11*

Ethik, Werte, Gott *17*

Ethisches Bewusstsein *17*
Liebe ist die Antwort – aber was war eigentlich die Frage? *28*
Freiheit *34*
Opportunismus *38*
Versprochen ist versprochen *40*
Ich will keine Freunde *41*
Solidarität *42*
Don´t you forget about me *43*
Ich weiß es nicht! *43*
Es gibt nur eine Wahrheit! *44*
Die Kunst des Kompromisses *45*
Der lange Weg zum Erwachsensein *46*
Warum nachtragend sein ok ist *47*
Was ist schon normal!? *49*
Individualismus – oder: du bist was du trägst *50*
Die Lust an der Apokalypse *52*
Sorglose Langeweile *55*
So viele Behinderte da draußen *56*
Die Welt braucht uns *57*
Schön war die Zeit *62*
Gott – der Seele Krückstock *63*

Der Papst und die Kirche 68
Hier und Jetzt! 70
Geist – Köper – Seele: Dimensionen der Physis 74

Politik, Geschichte, Gesellschaft 77

Demokratie heißt: misch' dich ein! 77
Das postideologische Zeitalter – eine große Chance 80
Schlacht um die Ressourcen 83
Gesundheit – *die* heilige Kuh 86
Soziale Gerechtigkeit: die größte Aufgabe 88
Zur Ehrenrettung der Sozialen Marktwirtschaft 90
Zwei links, zwei rechts 93
Kohl´sche Diktion 94
Umwelt und Energie 96
Öko-Kult, oder doch eher: okkult? 99
Keine Qual mit Global 101
Wo bleibt der Clash? 103
Wir *waren* alle Ausländer 107
Terrorprävention ums Verrecken 108
Her mit der Schuld! 109
Es war nicht alles schlecht... 113
Der nette Nazi 116
Mahnmal für die Ermordeten 118

Bundeswehr im Ausland *119*
Wider den Relativismus, oder:
Am deutschen Wesen... *124*
Folter in Deutschland *127*
3. Oktober – Helmut-Kohl-Gedenktag *128*
Die Mauer ist weg! *130*
Sterbehilfe *132*
Stammzellenforschung und
Präimplantationsdiagnostik *133*
Legalize it!? *136*
´68 – Triumph oder Desaster? *137*
RAF *141*
Es gibt keinen Konflikt der
Generationen *144*
Langhaarige Spießbürger *145*
Thirtysomething, fourtysomething... *146*
Land of the free, home of the brave *147*
Putins Russland *153*
Medien *156*
Bekloppte Boheme, Part 1 – oder: warum dieses Buch *160*
Bild´ dir deine Meinung – aber nicht mit BILD *167*
Horrorfolklore mit Adolf und Eva *168*
Ich sehe was was du nicht siehst *169*
Am Ende waren´s Aliens *170*
Witzischkeit kennt keine Grenzen *173*
Der kleine Unterschied *177*

Kult, Kultur, Kommerz 183

**Das posthistorische Zeitalter, oder:
Es ist alles gesagt** *183*
Kunst versus Kultur *185*
**Gewaltverherrlichende Regisseure –
Parasiten der Freiheit** *187*
Shades of grey *190*
Bekloppte Boheme, Part 2 *191*
Es liegt viel Wahrheit im Trivialen *192*
Sex sells out *194*
Don´t believe the hype, Part 1 *195*
Don´t believe the hype, Part 2 *197*
50.000.000 Fans können nicht irren *198*
Warum schöne Musik schön ist *201*
It´s still Rock´n´Roll to me *203*
Lennon versus McCartney *206*
Punk oder Disco? *207*
My words are the strongest *210*
I´m a rough guy *212*
Come on Barbie Girl... *212*
„Hamburger Schule" *213*
**Rechtschreibreform – die Mutter aller
(Wort)schlachten** *214*
Deutsch (sein) ist schön *215*
**Bohlen und Ranicki – Brüder im
Geiste?** *216*
Ein Tänzchen für die Architektur *217*
- Berliner Schloss *219*
**- Stararchitekten – Sklaven des
   Ruhmes** *221*

- **Europa: ein Museum?** *222*
- **Hafen City** *223*
- **Elbphilharmonie** *224*
- **Waldschlösschenbrücke** *225*
Der kleine, nervige Prinz *226*

Vorwort

Ja, ich gebe zu, lesen fällt mir schwer. Denken jedoch nicht. Es war insofern vielleicht nicht die naheliegendste Idee, meine Gedanken in einem Buch zu veröffentlichen – es spricht aber auch nichts dagegen. Denn dass Lesen bildet will ich gewiss nicht in Frage stellen – vorausgesetzt, man ist im Stande dazu, die Untiefen des Büchersortiments zu umfahren. Vorausgesetzt auch, man verinnerlicht nicht gleich jeden Unfug. Es gibt zweifellos eine große Menge an einfältigen oder ideologischen Publikationen, die *nicht* gelesen zu haben bestimmt *keine* Wissenslücke bedeuten. Und schließlich bin ich tatsächlich der Überzeugung, dass die aktive Nutzung des Denkapparates erkenntnisrelevanter sein kann als der Inhalt von 1000 Büchern.

In einer Zeit, in der beinahe jeder Viertel-Prominente und Semi-Erleuchtete ein Buch veröffentlicht, um seine Kühlschrankweisheiten und Minimalerkenntnisse zu verbreiten, war es mir ein Bedürfnis, ein Statement gegen Flachsinn und Wirrnis, gegen überholte weltanschauliche Allgemeinplätze, gegen die Empörungsstarre der politisch Korrekten und – vor allem – gegen Oberflächlichkeit zu verfassen. Oder um es positiv zu formulieren: einen Appell an den klaren Menschenverstand. Darum geht es mir. Meine Ambitionen an dieser Stelle zu relativieren klänge vielleicht bescheiden, wäre aber ganz und gar unehrlich.

Die meisten Sachbücher behandeln genau ein Subjekt – so viele Worte, zu einem einzigen Thema! Bemerkenswert. Manches davon wird im Feuilleton heiß diskutiert (weil der Autor bereits einen Namen hat), in Folge dessen oft gekauft (weil es sich im Bücherregal gut macht), aber nur selten gelesen (weil es auf Dauer einfach langweilig ist). In *meinem* Buch geht es dagegen um Einiges: Ethik, Politik, Kultur – die volle Bandbreite der menschlichen Empfindungs- und Gedankenwelt. Eine weltanschauliche Essaysammlung. Mit eindeutigen Positionen, aber ohne ideologische Barrieren, mit der Aufforderung, in jeder Hinsicht quer zu lesen, aber ohne Zitiererei, die ja sowieso nur den Fleiß des Rechercheurs beweisen soll.

Selbstverständlich habe ich jedoch nicht den Anspruch, reihenweise singuläre Erkenntnisse zu verkünden – so anmaßend bin ich nun wieder nicht. Im Gegenteil, ich hoffe sogar, dass sich möglichst viele Leser wiederfinden, sich in ihrem Denken und Empfinden bestätigt fühlen. Denn das würde bedeuten: Wir sind nicht allein!

Ein anderer möglicher Titel für mein Buch wäre gewesen: *Sei konstruktiv – denk negativ.* Mancher wird sagen, das sei doch nur ein flotter Slogan, und widersprüchlich obendrein. Ich dagegen finde, dass wir in der Welt nur *so* etwas bewegen können: Neue Strategien entwickeln, um es in Zukunft besser zu machen, und gleichzeitig diejenigen beim Namen nennen, die Schuld sind an der Misere. Denn ich glaube, dass bei vielen

Themen der gesellschaftliche Diskurs nicht abgeschlossen ist oder in eine falsche Richtung geführt hat: Es gibt zu wenige, die sich kreativ einbringen, und zu viele, die nur jammern. Zu wenige, die frei sind von Ideologien, und zu viele, die reden, obwohl sie nichts zu sagen haben. Und immer wieder zu wenige, die den bequemen Konsens in Frage stellen, und zu viele, die einfach mitlaufen.

Neben den Menschen, die der Verantwortung ihrer Position *offensichtlich* nicht gerecht werden, ärgern mich vor allem jene, die sich zur moralischen Institution berufen fühlen und dabei gerne den einsamen Rufer in der Wüste mimen. Leute wie z. B. Michel Friedman, die eine Menge Geld damit verdienen, indem sie mit reichlich Emphase Populismus betreiben – und sich selbst dabei für furchtbar relevant erachten (was nachvollziehbar ist, wenn man in beinahe jede Talkshow eingeladen wird). Solche Menschen haben noch nicht verstanden, dass Nonkonformismus heute kaum mehr ist als hohle Attitüde: Wer glaubt, er denke quer, ist meist mitten im Mainstream (dabei muss es noch nicht einmal falsch sein, eine quasi mittelmäßige Meinung zu vertreten, denn im postideologischen Zeitalter ist der Mittelweg meistens der einzig vernünftige – doch dazu später mehr).

Deshalb denke ich, dass auf dem Weg zur Wahrheit Gemeinheiten manchmal legitim sind – aber nur, wenn sie dem Zweck dienen, die Interessen der Allgemeinheit voranzubringen, und nicht bloß, wie so oft heutzutage, zur reinen Belustigung auf Kosten anderer. So sehr ich den Frieden liebe bin ich doch kein Pazifist: Irgendwann muss das Wattebäuschchenwerfen vorbei sein, irgendwann sollte man das Kriegsbeil ausgraben, auf der großen Weltbühne ebenso wie im Mikrokosmos unserer Gesellschaft. Denn wer die Freiheit dazu nutzt, dummes Zeug zu reden, der muss mit böser Resonanz leben – *beides* gehört zum demokratischen Diskurs.

Was mich jedoch bei aller Neigung zum Misanthropen von einem Miesmacher oder gar Zyniker unterscheidet ist, dass ich immer noch ein unverbesserlicher Optimist bin: Ich glaube an die Evolution des Geistes. Zu sagen, wo es mit ein wenig Anstrengung tatsächlich Hoffnung gibt, ist mir wichtig. Selbst wenn ich mit meinem Buch nur einen homöopathisch winzigen Anteil zu dieser Entwicklung beitragen sollte, dann hätten sich die paar Seitenhiebe doch gelohnt (und grundlegend gilt: Wer sich angesprochen fühlt, ist gemeint).

Ideologien und Utopien gehören auf den Friedhof der Geschichte. Und von der naiven Vorstellung, dass im Prinzip alle Menschen zu autonomen Gedanken fähig sind, sollte man sich endlich verabschieden. In Wirklichkeit sind die Leute mehrheitlich wie Ameisen, die gänzlich unreflektiert an ihrem jeweiligen Platz ihre Funktion erfüllen – idealerweise. Und das ist gar nicht so gemein (oder gar zynisch) wie es klingen mag. Manch einer schafft es darüber hinaus vielleicht sogar, sich ein wenig Weisheit zu erarbeiten (beispielsweise durch Lesen). Aber mit seinen *eigenen* Gedanken die Welt zu verändern – das gelingt bestenfalls einem von 100.000. Auf diese Weise haben wir uns immerhin aus dem dumpfen Halbaffendasein im Urwald in die zivilisatorische Gegenwart mit all ihren technischen, kulturellen und – vor allem – geistigen Errungenschaften hervor gearbeitet. Aus dieser Erfahrung nährt sich meine Hoffnung: Es kann definitiv noch besser werden!

* * *

Das Ende der Kindheit ist manchmal ein raues Erwachen. So war es jedenfalls bei mir: ein verklemmter Junge mit Pickeln, ausgerechnet jetzt endgültig auf den Rollstuhl angewiesen. Auf einmal bot der familiäre Hort keinen ausreichenden Trost mehr, war nicht mehr das rettende Eiland wie in all den Lebensjahren zuvor. Und Freunde – eine *neue* Sozialisation – hatte ich kaum. Die Konsequenz war Introvertiertheit und Grübelei. Während die Klassenkameraden mit ihren Kumpels um die Häuser zogen saß ich daheim und dachte nach über Gott und den Sinn des Seins, über Umwelt, Atomkraft und Cruise Missiles – die typischen Themen der frühen achtziger Jahre also. Ich spielte mein Piano, schrieb Songs – und Protestbriefe: An Zeitungen, Funktionäre, Kanzler. Ganze Ordner voll.

Seit jener Zeit habe ich nie aufgehört, über gesellschaftliche Fragen nachzudenken, und vielleicht bin ich auf diese Weise zu Erkenntnissen gekommen, die ich innerhalb eines erfüllteren Lebensalltages nie gehabt hätte. Erst nach beinahe fünfundzwanzig Jahren kam mir dann die Idee, einige dieser Gedanken aufzuschreiben.

Das Resultat ist dieses Buch, das ich meinen lieben Eltern widmen möchte, die mich gelehrt haben, zwischen Recht und Unrecht zu unterscheiden, ohne dabei jemals dogmatisch gewesen zu sein.

Ethik, Werte, Gott

Ethisches Bewusstsein

Das Europa der Gegenwart ist geprägt von einem weitreichenden gesellschaftlichen Konsens bezüglich ethischer Grundsätze: Die Freiheitsrechte des Individuums stellt heute kaum noch jemand in Frage, vielmehr herrscht gegenüber anderen Meinungen, Religionen, Rassen und Lebensentwürfen Toleranz, und zwar nicht bloß von Staats wegen, sondern auch im Bewusstsein der breiten Masse (siehe auch **Freiheit**, **Das postideologische Zeitalter – eine große Chance** und **´68 – Triumph oder Desaster?**). Vor diesem Hintergrund erscheinen die zahlreichen humanitären Katastrophen des 20. Jahrhunderts umso unfassbarer.

Schon seit meiner frühen Jugend faszinieren mich jene geschichtlichen Ereignisse, bei denen das Böse – also ein Verhalten, das im *Gegensatz* zum heutigen Wertekanon steht – obsiegt hat. Die Fragen, um die es dabei geht, lauten: Was genau macht unseren Wertekanon aus? Gelten unsere Ethikprinzipien überall auf der Welt gleichermaßen (siehe **Wider den Relativismus, oder: Am deutschen Wesen...**)? Wie kann man Menschen zur Rechtschaffenheit erziehen, und zwar so, dass sie möglichst aus *Überzeugung* handeln, und nicht nur zur Befriedigung gesellschaftlicher Konventionen? Warum tun Menschen überhaupt Böses, auch wenn sie entsprechend ihrer Erziehung ein Bewusstsein für Recht und Unrecht haben müssten?

- Der freie Wille des Menschen bedeutet den Verlust des Instinktes als ultimatives, sein Handeln bestimmendes Regulativ. Um Sadismus und Barbarei, die durch den freien Willen überhaupt erst möglich werden, zu verhindern, benötigt der Mensch also eine andere übergeordnete Instanz: das ethische Bewusstsein. Wer über ausreichend ethisches Bewusstsein verfügt weiß in beinahe jeder Lebenssituation, was seinen Mitmenschen gegenüber gerecht ist. Deshalb ist die Ausbildung des ethischen Bewusstseins die wichtigste pädagogische Aufgabe auf dem Weg zur Erziehung eines sozialfähigen Menschen.

- Das herausragende Merkmal des Menschen gegenüber dem Tier ist seine Fähigkeit zur Selbstreflektion (auch wenn manche meinen, das Bewusstsein sei nur eine vom Gehirn selber produzierte Illusion). Das Grübeln über uns selbst hat schließlich nach Jahrhunderten der weltanschaulichen Irrungen im Rahmen der Aufklärung dazu geführt, dass wir uns als Wesen wahrnehmen, welches trotz zahlloser individueller Eigenschaften universelle Interessen hat: Abgesehen von den Parametern unserer Individualität sind alle Menschen gleich. Und das heißt: Weil ich selber frei und gesund sein will, weil ich selber Nahrung, einen gewissen Lebensstandard, eine Lebensaufgabe und viel Liebe brauche, kann ich schlussfolgern, dass meine Mitmenschen all das genauso benötigen – und dass ihnen dementsprechend auch das Gleiche zusteht (siehe **Hier und Jetzt!**).

Aus dieser Erkenntnis folgt zwangsläufig die Unantastbarkeit der Rechte des Individuums, wie sie die Aufklärung seit dem 18. Jahrhundert fordert und wie sie heute in allen demokratischen Gesetzeswerken propagiert wird. Dieses ist die größte Errungenschaft der Zivilisation, größer als alle Wissenschaft und Kunst.

- Dass der Weg zu diesem Konsens so lange gedauert hat ist umso schwerer zu begreifen, wenn man bedenkt, wie frühzeitig sich Menschen mit Ethikfragen beschäftigt haben. Schon lange vor Kant und dem Kategorischen Imperativ wurden Ethikgrundsätze formuliert, die bis heute Gültigkeit besitzen. Wie z. B. dieser: *Alles nun, was ihr wollt, dass euch die Leute tun sollen, dass tut ihnen auch* – heißt es in der Bibel (aus der Bergpredigt, Matthäus Evangelium, 7, 12). Der Volksmund formuliert das gleiche Prinzip umgekehrt: *Was du nicht willst, das man dir tu, das füg auch keinem anderen zu.* Von diesem leicht nachvollziehbaren Moraldogma lässt sich – auch ohne weiterführende Gesetzgebung – in beinahe jeder Lebenslage ableiten, was gegenüber unseren Mitmenschen angemessen wäre: Nämlich genau das, was wir auch für uns selbst verlangen.

Dazu ist es jedoch notwendig, den eigenen Standpunkt zu überdenken und einen Perspektivwechsel vorzunehmen. Gerade das scheint jedoch für viele Menschen unmöglich zu sein: Sie verfügen über keinerlei Empathie, sie können oder wollen sich nicht in die Lage eines anderen versetzen. Und sie verschwenden keinen Gedanken daran, was sie empfänden, wenn man *sie* so behandelte, wie sie selber die Leute behandeln (siehe **Es gibt nur eine Wahrheit!** und **Die Kunst des Kompromisses**).

- Trotz allgemein bekannter ethischer Grundsätze sind also umfangreiche Gesetze und deren Einhaltung für das Funktionieren einer Gesellschaft wie z. B. der Bundesrepublik Deutschland von existenzieller Bedeutung. Ein Mensch, der sich immer an die Gesetze hält, kann allerdings nur bedingt als rechtschaffen gelten. Die Frage ist: Hält er sich an die Gesetze, weil er sie tatsächlich *verinnerlicht* hat, oder nur deshalb, weil er juristische Sanktionen und demzufolge gesellschaftliche Ausgrenzung fürchtet? Erst dann, wenn der Rechtsstaat nicht mehr greift und Anarchie ausbricht lässt sich diese Frage tatsächlich beantworten. Dann entscheidet sich, ob jemand bereit ist, sich an Verbrechen gegen die Menschlichkeit zu beteiligen, oder ob er über ausreichend ethisches Bewusstsein verfügt, um sich zu widersetzen. Denn selbst unter dem schlimmsten Terrorregime sind die Menschen selten dazu *gezwungen*, Gräueltaten zu begehen.

- Der erste Schritt zum Barbaren ist, einem menschenverachtenden System kritiklos zuzuarbeiten, der zweite, selber aktiv oder gar kreativ zu quälen, zu foltern und zu morden. Zwei berühmte Experimente, die meines Erachtens jedes Schulkind und erst recht jeder Erwachsene kennen sollte, beschäftigten sich mit der Frage, welche Umstände nötig sind, damit jemand zum Mitläufer oder zum Sadisten wird.

Der Psychologe Stanley Milgram wollte wissen, wie viel Druck notwendig ist, um normale Bürger dazu zu bewegen, Folter zu begehen. Sein Versuch war inspiriert vom Gerichtsverfahren gegen Adolf Eichmann in Jerusalem 1961, bei dem sich der Cheforganisator des Holocaust stets als unschuldigen Befehlsempfänger inszenierte. Milgram verlangte von seinen Versuchsteilnehmern, Prüflingen Lernaufgaben zu stellen und diese mit Stromschlägen zu bestrafen für den Fall, dass sie eine falsche oder gar keine Antwort gäben. Mit jeder falsch beantworteten Frage wurde die Spannung erhöht, bis die Prüfer schließlich mit dramatischen – selbstverständlich fingierten – Schmerzensschreien konfrontiert wurden.

Zwei Drittel aller Prüfer waren bereit, bis zur höchsten Spannungsstufe zu gehen, obwohl die Prüflinge immer wieder den Abbruch des Experiments erflehten. Manche Prüflinge antworteten gar nicht mehr, sodass davon auszugehen war, dass diese entweder bewusstlos oder tot seien. Einfache Mahnungen des Versuchsleiters – etwa, dass ein Abbruch des Experiments die Versuchsergebnisse unbrauchbar machen würden – reichten aus, um die Prüfer zum Weitermachen zu bewegen. Selbst jene Versuchsteilnehmer, die emotionale Regungen zeigten, die erkannten, dass sie durch ihr *eigenes* Handeln anderen Menschen Leid zufügten, waren meist nicht fähig, sich zu widersetzen.

Die Mehrheit der Menschen ist offenbar dazu bereit, sich Autoritäten bedingungslos zu unterwerfen, und zwar unabhängig von Geschlecht oder nationaler Herkunft (letzteres ist relevant im Zusammenhang mit der These von einer möglichen Kollektivschuld der Deutschen). Auch dann, wenn diese Menschen im Prinzip dazu fähig sind, die Unrechtmäßigkeit ihres Handelns zu erkennen, geben sie die moralische Verantwortung dafür an die nächsthöhere Instanz ab.

Einen Schritt weiter ging Philip Zimbardo, der im Jahre 1971 eine größere Anzahl von Versuchspersonen per Los in Häftlinge und Wärter einteilte und sie anschließend sich selbst überließ. Nach wenigen Tagen musste das Experiment abgebrochen werden, da die Situation eskalierte: Es begann damit, dass die Wärter ihre Häftlinge demütigten, schließlich folgten Gewalt und seelische Folter. Über eine solche Macht zu verfügen – nämlich in einem rechtsfreien Raum – weckt in vielen Menschen offenbar eine Neigung zum Sadismus: Sie machen nicht nur mit, weil es ihnen befohlen wurde, sie empfinden vielmehr Freude am Leiden der anderen und denken sich dementsprechend immer neue Foltermethoden aus. Die Fotos, die während des Stanford-Prison-

Experiments entstanden, gleichen denen aus Abu Ghraib bis aufs Detail.

- Aber warum verspüren Menschen überhaupt Lust daran, moralische Gesetze zu übertreten und Grausamkeiten zu begehen? Ich selber habe auf diese quälende Frage nur eine vage Antwort: In der präzivilisatorischen Urzeit war derjenige im Vorteil, der seine Angst vor dem lebensgefährlichen Kampf mit übermächtigen Beutetieren überwinden konnte, ja der vielleicht sogar Lust auf das Töten verspürte. Die Überlebenschance derer, die keine Tötungshemmung, keine Skrupel kannten, war naturgemäß größer. Insofern hat sich die Bereitschaft zur Gewalt einfach evolutionär durchgesetzt (siehe **Der kleine Unterschied**). Eine Erklärung für die *Freude* an Folter ist dieses jedoch nicht.

Die im Zusammenhang mit den erwähnten Experimenten erschreckendste Erkenntnis ist, dass die Neigung zur Grausamkeit offenbar unabhängig von der Sozialisation einer Person (bzw. der Ausbildung eines ethischen Bewusstseins im Rahmen der Erziehung) immer noch latent vorhanden sein kann. In Berichten über Kriegsmassaker – wie etwa 1968 in My Lai in Vietnam – wurde dokumentiert, wie bis dahin unauffällige Soldaten in eine Art Blutrausch verfielen und grundlos Zivilisten töteten. Die Aggression lässt sich offenbar nicht vollständig ausrotten, sondern lediglich unterdrücken.

Deshalb ist es Unfug, Kindern Kriegsspiele grundsätzlich verbieten zu wollen, man muss ihnen vielmehr erklären, was Krieg *in Wirklichkeit* bedeutet. Vor allem jedoch geht es darum, den Respekt vor den Rechten der anderen immer wieder aufs Neue zu propagieren. Nur so können wir Herr werden über die bedrohliche Seite unserer Instinkte. Idealerweise führt dieses zu einer weitgehenden Verinnerlichung ethischer Prinzipien, wenn nicht, dann doch zumindest zu einer bereitwilligen Erfüllung gesellschaftlicher Regeln (nämlich um Strafe und soziale Ausgrenzung zu vermeiden). Das bedeutet allerdings, dass in manchem auf den ersten Blick anständig wirkenden Menschen womöglich eine Bestie schlummert.

* * *

Ist der Mensch von Natur aus gut oder böse? Eine törichte Frage, denn in ethischer Hinsicht ist ein Neugeborenes nichts anderes als ein Neutrum. Zwar zeigen Experimente mit Babys, dass es durchaus auch schon beim Neugeborenen ein rudimentäres Empfinden für Gerechtigkeit gibt, ebenso aber auch eine ausgeprägte Neigung zum Egoismus. Ohne eine umfangreiche Erziehung wird sich ein Mensch niemals zu einem rechtschaffenen oder gar empathischen Wesen entwickeln können. Es hängt also zum größten Teil von der Sozialisation ab, ob sich ein Mensch zum Moralisten oder zum Massenmörder entwickelt.

* * *

Mitleid ist ein Begriff, der bei vielen Menschen Unbehagen auslöst, und viele lehnen es für sich grundlegend ab. Das ist für mich schwer nachvollziehbar, denn *aufrichtiges* Mitleid ist nichts anderes als ein Synonym für Empathie, für die wichtigste menschliche Tugend überhaupt: Die Bereitschaft, sich einzufühlen in die Nöte der anderen.

Aber natürlich kann Mitleid auch verlogen sein: Das Elend der anderen berührt einen ach so sehr – weswegen man sich prompt abwendet, möchte man doch keinesfalls aus seinem selbstsüchtigen Frieden gerissen werden. Es ist dementsprechend entscheidend, dass der Mitleidsbekundung auch eine Handlung oder wenigstens eine Geste folgt. Und wenn es nur die Bereitschaft ist, ein paar Minuten zuzuhören. Leider sind aber nur sehr wenige Menschen dazu bereit, ein Quäntchen der eigenen Freiheit zu opfern, um einem anderen Menschen beizustehen und dessen Nöte mitzutragen. Der Egoismus macht jede Opferbereitschaft zunichte (siehe **Solidarität**).

* * *

Wenn man wie ich lange in einem Wohnheim für Schwerpflegebedürftige gelebt hat, dann weiß man, was Einsamkeit bedeutet: All diese kranken Menschen, hatten die denn früher keine Freunde? Keine Partner? Und wo sind Brüder und Schwestern? Meistens bleiben gerade mal die

Eltern übrig – wenn sie noch leben. Die Idee, einen katastrophalen Einschnitt im Lebensentwurf eines Freundes, eines (ehemaligen) Partners oder eines Verwandten mitzutragen, ist offenbar für die meisten Menschen nicht denkbar. An keinem anderen Szenario wurde mir je so deutlich, dass wir im Grunde allein sind (siehe **So viele Behinderte da draußen** und **Die Welt braucht uns**).

Es gibt da einen Satz in der Bibel, der gleichermaßen wunderbar wie utopisch klingt: *Einer trage des anderen Last* (Galater, 6, 2).

* * *

Altruismus? Existiert nicht. Es gibt immer auch einen Eigennutz dabei wenn jemand etwas für andere tut.

Aber das klingt viel düsterer als es in Wahrheit ist. Denn wenn etwa der Eigennutz des Helfers darin bestehen sollte, dass ihn der Nutznießer zukünftig gern haben soll, dann kann sich der Nutznießer doch geschmeichelt fühlen: Jemand legt Wert auf ihn! Es entsteht auf diese Weise quasi eine win- (Helfer) doublewin- (Nutznießer) Situation.

Also helft! Aber bitte ohne falsches Pathos.

* * *

Geht Ethik ohne Kirche? Natürlich. Denn das heute so oft kolportierte *christliche Menschenbild* ist wiederum geprägt von den Ideen der Aufklärung und insofern erst in dessen Folge entstanden. Bemerkenswert eigentlich, denn die ethischen Dogmen, die im Neuen Testament seit 2000 Jahren propagiert werden – etwa in der bereits zitierten Bergpredigt – sind ebenso unmissverständlich wie zeitlos und hätten seit Anbeginn der Christenheit als moralische Grundregeln dienen können. Erstaunlicherweise jedoch haben gerade die Kirchenfürsten die nach ihrem eigenen Glauben von Jesus persönlich formulierten Gebote über Jahrhunderte ignoriert. Erst heute, wo sich die Ideen der Aufklärung endlich in Europa durchgesetzt haben, propagiert auch die Kirche diese Werte. Das elementarste aller Gesetze aber, nämlich die Unverletzlichkeit der Rechte des Individuums, entstand jenseits jeder kirchlichen Doktrin.

Das bedeutet jedoch nicht, dass die christliche Kirche im Kampf für Gerechtigkeit ausgedient hat. Ich glaube sogar, dass sie in der Gegenwart gerade unverzichtbar ist als eine Institution, die tatsächlich *gehört* wird, wenn das ethische Niveau der Gesellschaft von Oberflächlichkeit, Egoismus und entfesseltem Kapitalismus bedroht ist. Denn für viele Menschen braucht Moral ein Gesicht: Während nämlich weltliche Gesetze nur im Diesseits relevant sind (und durchaus immer wieder zur Disposition stehen – siehe **Wider den Relativismus, oder: Am deutschen Wesen...**) stellt der Prediger auf der Kanzel im Idealfall tatsächlich eine moralische *Autorität* dar: Er *persönlich* verkörpert die Unverrückbarkeit eines göttlichen Willens und gibt ethischen Geboten somit eine metaphysische Dimension – und somit mehr Gewicht. Denn der Gläubige weiß: ein paar Jahre Zuchthaus sind nichts gegen die ewige Verdammnis.

Einige meinen allerdings, die Kirche sollte sich grundsätzlich nicht einmischen in politische Fragen. Die Wahrheit jedoch ist: Wer immer nur schweigt, lässt die Mächtigen gewähren – und unterstützt sie somit indirekt. Heraushalten ist also gar nicht möglich. Und deshalb sind Stellungnahmen der Kirche zu ethischen Fragen nicht nur legitim sondern notwendig.

Liebe ist die Antwort – aber was war eigentlich die Frage?

Es gibt keinen anderen Begriff bei dem die Diskrepanz zwischen fehlender Definition und inflationärer Verwendung größer wäre als bei dem Wort „Liebe". Im postideologischen Zeitalter ist die Liebe vielleicht das Letzte, was man noch ohne schlechtes Gewissen propagieren kann, die einzige Parole, die nicht hoffnungslos veraltet anmutet (siehe **Das postideologische Zeitalter – eine große Chance**). Egal ob Priester oder Guru, Philosoph oder Pädagoge, Schlagersänger oder Techno-Jünger: Liebe passt irgendwie immer. Und so changiert dieser Begriff in seiner

Aufladung zwischen Empfindungen von tiefer Sympathie, sexueller Attraktion, religiösen Glaubensdogmen und esoterischen Heilsbotschaften.

Und wenn es dem Poeten auch noch so sehr an Inspiration mangeln mag – zur Liebe fällt ihm bestimmt etwas ein: *Can´t Help Falling In Love, Can´t Buy Me Love, Can´t Get Enough Of Your Love Baby, Sugar Baby Love, Baby Love, Baby I Love Your Way, Love To Love You Baby, To Love Somebody, Love At First Sight, The Look Of Love, The Power Of Love, Love Has The Power, Love Hurts, Love Kills, Too Much Love Will Kill You, Addicted To Love, Slave To Love, Love Sexy, Love And Pride, Love Changes Everything, Love Is A Battlefield, Love Is Like A Violin, Love Is The Drug, Love Is All Around, Love Is In The Air, Love Is Like Oxygen, Love Is A Stranger, Love Is Like A Game, Love Is A Shield, Love Like Blood, Only Love, It Must Be Love, It Must Have Been Love, It´s Love, Is This Love, This Love, Where's the Love, What is Love, What's Love Got To Do With It, I Wanna Know What Love is, Love Of The Common People, In The Name Of Love, Lay All Your Love On Me, Love Me Tender, Love Me Do, Your Love Is King, For Your Love, Justify My Love, I Just Called To Say I Love You, I Love You, I Will Always Love You, I Love Your Smile, From Russia With Love, I´m Not In Love, Lessons In Love, Caravan Of Love, Sea Of Love, Victim Of Love, Real Love, Big Love, True Love, Chequered Love, Modern Love, Tainted Love, I Would Do Anything For Love, You´ve Got To Hide Your Love Away, Love Will*

Tear Us Apart, Love Will Keep Us Alive, Life For Love, Love Of My Life, Love The One You´re With, Love On Your Side, Love On The Line, Love Song, This Is Not A Love Song, How Deep Is Your Love, A Groovy Kind Of Love, My Love Is Your Love, Can You Feel The Love Tonight, Goodbye To Love, Love And Marriage, Sowing The Seeds Of Love, Love Is The Seventh Wave, Seven Ways To Love, The Mystery Of Love, The Message Of Love, The Miracle Of Love, Whole Lotta Love, Love Will Find A Way, What The World Needs Now Is Love, All You Need Is Love, Let There Be Love, Endless Love, When I Fall In Love, A Love Supreme, The Greatest Love Of All, God Is Love, etc., etc. Und schließlich: *Love Is The Answer.*

Oder doch eher: *All You Get From Love Is A Lovesong*?

Ein schöner Songtitel wäre allerdings auch: *Love Is Bigger Than Life* – denn die Liebe wird ganz klar überschätzt. Oder, etwas weniger polemisch: Im Zusammenhang mit dem Thema Partnerschaft hat das Wort Liebe für viele eine lebensferne Qualität. Die beinahe metaphysische Aufladung dieses Begriffes – vor allem bedingt durch das entsprechende Hollywood-Klischee – lässt die Erwartungshaltung an den Partner bzw. die Partnerschaft ins Unermessliche wachsen: Man wünscht sich Liebe auf den ersten Blick, will nie wieder Augen für andere haben, dafür umso mehr Schmetterlinge im Bauch, und das mindestens für immer. Wenn es jedoch *nicht* oder nicht mehr rauschhaft ist, dann ist es nichts wert. Dummerweise lässt sich jedoch der fiktionale Kitsch nur selten mit der nüchternen Realität in Einklang bringen.

Es gibt statt Liebe sehr viel konkretere Begriffe, die sich besser zur Beschreibung einer funktionierenden Beziehung eignen: Innige Zuneigung, Vertrauen und Vertrautheit, Kraft geben und empfangen, gemeinsame Interessen und Ziele, Treue und Geborgenheit, sexuelle Anziehung und Erfüllung. Wer will kann die Summe aus all diesem natürlich Liebe nennen. Wer das jedoch nicht tut muss nicht automatisch kalt oder allzu pragmatisch sein, und führt auch nicht unbedingt eine enttäuschende Beziehung. Vielleicht ist dieser Mensch nur ein bisschen reflektierter.

* * *

Noch auffälliger ist der Missbrauch des Wortes Liebe im Zusammenhang mit gesellschaftlichen Fragen. Manche behaupten, es bedürfe allein der Liebe, um sämtliche zwischenmenschlichen Probleme zu bewältigen. Das klingt zwar wunderbar, ist jedoch Unfug. Wenn beispielsweise Kinderpsychologe Wolfgang Bergmann behauptet, die Liebe sei der einzig relevante Faktor in der Erziehung, dann fragt sich der Pragmatiker natürlich, was das im wirklichen Leben wohl heißen mag. Wenn etwa der dicke Bub noch ein Stück Torte will, heißt Liebe dann, „ja" zu sagen – weil er sich das so sehr wünscht, oder doch lieber „nein" – damit er nicht krank und zum Gespött seiner Mitschüler wird? Offensichtlich also reicht Liebe allein zur Erziehung eines Kindes nicht aus. Es braucht außerdem Verstand (um vernünftig abzuwägen), Nervenstärke (um unpopuläre Maßnahmen durchzusetzen), diplomatisches Geschick (um vom Kind nicht als Diktator wahrgenommen zu werden), etc. Das klingt jedoch viel nüchterner – und irgendwie umständlicher. Mehr Eindruck schinden kann man da mit schlichten Thesen á la Bergmann.

Und die Liebe Gottes ist sowieso nur ein Postulat, eine Behauptung. Es gibt viele, die daran glauben, weil es ihnen Hoffnung gibt – dagegen ist nichts einzuwenden. Dass aber diese Art der Liebe manchmal seltsam anmutet dürfte selbst der Frömmste nicht leugnen, Anbetracht der Tatsache, dass viele Menschen, die ohne nennenswerte Sünde sind, im Leben so sehr leiden müssen. Bestraft Gott etwa die, die er liebt? Ein abstruser Gedanke (siehe **Gott – der Seele Krückstock**).

Was ich mit all dem sagen will: Der Begriff Liebe ist zu vielschichtig als dass er sich als Parole eignet. Man sollte deshalb sparsamer damit umgehen.

* * *

Die übermächtige Aufladung des Wortes Liebe spiegelt vor allem die Sehnsucht des Menschen nach dem Göttlichen wider: Innige Zuneigung und die daraus folgende Bereitschaft zur Aufopferung werden als metaphysische Phänomene wahrgenommen und dienen manchem gar als Beweis für die Existenz Gottes. Dabei ist das, was wir Liebe nennen, in Wahrheit das Resultat evolutionärer Prozesse: nämlich ein hormonell gesteuertes System von Instinktimpulsen, das dazu dient, das Sozialverhalten in der Sippe zu regulieren.

Offensichtlich wird dieses im Zusammenhang mit dem Kindchenschema: Beim Anblick eines Kleinkindes entwickeln die meisten Menschen zärtliche Gefühle – ein Trick, der einen Fürsorgereflex auslöst. Auf diese Weise war auch schon in präzivilisatorischer Zeit gewährleistet, dass ein Neugeborenes im Falle des Ablebens seiner Eltern nicht einfach liegengelassen, sondern versorgt wurde. Der existenzielle Zweck dieses Instinktimpulses ist augenscheinlich.

Genauso verhält es sich mit der Liebe im Allgemeinen: So wie die sexuelle Attraktion die Fortpflanzung befördert dient die Verbundenheit zwischen den Eltern, in der Familie und im Rudel zum Erhalt des sozialen Gefüges. Die Liebe ist der Garant für die Bereitschaft zur Kooperation in der Gemeinschaft. Wer sich dagegen unsozial benimmt wird ausgestoßen – und kann sich dementsprechend nicht fortpflanzen. Menschen, die zur Liebe fähig sind, haben also im evolutionären Sinne klar einen Vorteil.

Die Liebe des Menschen zur Natur hat meines Erachtens den gleichen Ursprung: Unser zärtliches Gefühl für Flora und Fauna ist instinktartig verwurzelt und befördert die Bereitschaft, unsere Umwelt vor Zerstörung zu bewahren. Diese Fähigkeit war bedingt durch den rauschhaften Fortschritt des Industriezeitalters einer langen Phase der Ignoranz gewichen. Inzwischen gibt es jedoch zahlreiche Anzeichen dafür, dass das Bedürfnis nach einem Leben im Einklang mit der Natur langsam zurückkehrt.

Wer nun glaubt, dass diese Erklärung für das Phänomen Liebe dessen Zauber zerstören würde, irrt, zumal die individuellen Empfindungen von Zuneigung keinesfalls geschmälert werden, nur weil man sich über die zugrunde liegenden Instinktprozesse klar wird. Auch – oder erst recht – wenn man die Liebe als ein biochemisches Phänomen begreift ist sie es wert, als etwas Wunderbares wahrgenommen zu werden.

Freiheit

Die Freiheit – nach der Liebe die ewige Top 2 unter den abgenutzten Begriffen, immer wieder missbraucht als Motto, Slogan, Parole. Dahinter steckt jede Menge Sehnsucht – und wenig Reflektion. Denn wer sich intensiv mit Freiheit beschäftigt, muss feststellen, dass dieses Thema äußerst zwiespältig ist.

- Zunächst der negative Aspekt: Freiheit ist eine Lüge, eine sinnentleerte Behauptung, in unserer Gesellschaft nur noch ein Synonym für Egoismus: Die Unfähigkeit zum unbequemen Kompromiss, egal ob in der Partnerschaft, in der Familie, in der Firma oder in der Politik. Dazu kommt, dass viele Menschen mit wahrer Freiheit gar nichts anfangen können. Die unbegrenzten Möglichkeiten – der Entscheidungsspielraum zwischen Abstinenz und Exzess – überfordert viele. Einerseits wird Individualismus verlangt (man darf also nicht angepasst wirken), andererseits will man aber auch nicht isoliert sein (wenn man nämlich *wirklich* Individualist ist). Das war bei Hitler einfacher: die Jungs zur HJ, die Mädels zum BDM, die Alten in die Partei. Jeder zwar nur eine Nummer im System, aber immerhin Teil eines großen Ganzen. Anders formuliert: Viele sind als Rädchen im Getriebe glücklicher. Lieber angepasst unter Menschen – als einsam querdenken. So oder so, auch hier und heute: Von wahrer Freiheit keine Spur.

- Die andere Seite: Freiheit ist eine der größten Kostbarkeiten. Und wir haben reichlich davon in Europa: Wir haben ein Recht auf Mitsprache in der Politik (siehe **Demokratie heißt: misch' dich ein!**). Wir können entscheiden, ob wir an Gott glauben wollen oder nicht, und es geht niemanden an, wie unser Gott heißt. Wir können uns unseren Lebenspartner frei aussuchen, was in anderen Kulturkreisen immer noch undenkbar ist. Wir dürfen uns kleiden wie Models oder wie Obdachlose – fast alles wird heute akzeptiert (siehe

Individualismus – oder: du bist was du trägst). Und wir können unseren Lebensentwurf frei planen und werden mit den meisten unserer Entscheidungen auf Toleranz stoßen – weil unsere Mitmenschen genau diese Freiheit auch für sich verlangen (siehe **ethisches Bewusstsein und ´68 – Triumph oder Desaster?**).

Überall da, wo Leute meinen, es mangele ihnen an Freiheit, geht es doch im Grunde nur um die fehlende Bereitschaft, Unvermeidliches zu akzeptieren. Du willst wohnen, essen, verreisen? Dann musst du arbeiten – um all das bezahlen zu können. Du willst mit deinen Mitmenschen in Frieden leben? Dann musst du Kompromisse eingehen – um Rücksicht auf deren Interessen zu nehmen. Wem das schon zu viel Zugeständnis ist, der wird wohl nie frei sein. Wahre Freiheit ist es, sich abzufinden mit den ökonomischen und sozialen Zwängen, da eine Verweigerung einem Kampf gegen Windmühlen gleicht, um dann erst recht den Spielraum zu genießen, der einem immer noch bleibt.

Das Ausmaß der Freiheit, wie es heute in Europa die Regel ist, wird von den meisten Menschen jedoch als selbstverständlich genommen – wie immer, wenn man sich an etwas Gutes gewöhnt hat: Die Leute wissen die Freiheit nicht mehr zu würdigen. Man sollte sich deshalb gelegentlich bewusst machen, wie viele Menschen noch vor wenigen Jahren ihr Leben aufs Spiel setzten, als sie von einem Teil Deutschlands in den anderen flohen, um genau diese Freiheit zu erlangen.

* * *

Eine andere Idee von Freiheit ist eine sehr mönchische, nämlich sich materiellem Besitz oder sogar der Verbundenheit mit anderen Menschen zu verweigern. Freiheit ist, wenn man nichts mehr zu verlieren hat – wie Kris Kristofferson schrieb. In diesem Sinne möchte ich auf keinen Fall frei sein.

* * *

Wenn man wie ich in seiner Physis eingeschränkt ist hat Freiheit noch eine ganz andere Dimension: Die Vorstellung von einem Leben ohne ständige Abhängigkeit. Ein Leben in Autonomie – so, wie es für jeden anderen normal ist:

Aufstehen, duschen, anziehen, wann immer man will. Runter auf die Straße, zu Bus und U-Bahn, oder mal eben ins Taxi, zu jemandem ins Auto springen. Die Treppe rauf zum Kumpel im vierten Stock. Rasch noch mal auf die winzige Toilette. Dann los zur Stehparty – und trotzdem jedem in die Augen sehen können. Mit den anderen Gästen entspannt auf die Matratze lümmeln. Smalltalk mit Menschen, die *nicht* peinlich berührt sind (wie sonst wegen des Rollstuhls üblich). Hinterher vielleicht übernachten im Schlafsack, irgendwo auf dem Fußboden. Am Morgen frühstücken gehen mit einer netten neuen Bekannten in einer lauschigen Bar gleich um die Ecke.

Und wenn einen trotz all dieser Freiheit mal der Frust packt: bolzen gehen oder einmal um die Alster laufen. Aber das Wichtigste überhaupt: der Auftritt – als Fußgänger. Auf der Straße. Auf einer Party. In der Disco. Oder auf der Bühne. Einfach überall: Aufrecht stehend, kraftvoll, lässig. Alles das werde ich nie erleben.

Mein Trost ist: Hätte ich diese Freiheit, ich wüsste sie nicht zu würdigen (siehe **Hier und Jetzt!**).

Opportunismus

Die Entrüstung über die Millionen Spießbürger, die einem traditionellen Lebensentwurf nachfolgen (nach dem Motto: *MEIN Auto, MEIN Haus, MEIN Boot*) überlasse ich gerne anderen. Dazu haben sich schon viel zu viele unglaubwürdige Verfechter gesellschaftlicher Gegenentwürfe geäußert. Und inzwischen gehören nonkonformistische Bekenntnisse längst zum ideologischen Mainstream.

Tatsächlich gibt es jedoch ganz verschiedene Formen von Spießigkeit. Sehr viel ärgerlicher als die Fraktion derer, die beispielsweise jeden Sonntag ihren Opel Astra waschen (denn bei denen weiß man, was man hat) ist jene Möchtegern-Elite, die ebenso unreflektiert wie vehement gegen alles Mögliche opponiert: Sie behaupten, sie seien gegen Kapitalismus, gegen Konsum und Angepasstheit (!), und sie geißeln alles, was irgendwie politisch unkorrekt anmutet.

Diese Leute sind deshalb ärgerlicher, weil sie sich für etwas Besonderes halten, obwohl sie innerhalb ihrer Gruppe genauso angepasst sind wie diejenigen, auf die sie herabschauen. Da werden Parolen und Bekenntnisse nachgeplappert, und die Insignien des Individuellen sind letztendlich ebenso gleichförmig wie diejenigen der, sagen wir, traditionellen Spießigkeit: Als Individualist fährt man Saab, nicht Opel. Die Uniformität des Gegenentwurfs.

Konformismus ist an sich schon lästig genug. Konformismus gepaart mit elitärem Gebaren ist dagegen einfach nur scheußlich (siehe auch **Bekloppte Boheme, Kunst versus Kultur, Hamburger Schule**).

* * *

Tatsächlich bereitet den meisten Menschen die Vorstellung mehr Sorge, mit ihrer Meinung allein stehen zu können (und somit isoliert zu sein), als dass es sie belastete, wenn sie sich im Einklang mit der Mehrheit irrten. Die Geborgenheit in der Gruppe – gerade auch bezüglich der Abgrenzung gegenüber anderen – ist nun mal als identitätsstiftender Faktor wunderbar wärmend.

Natürlich ist es mir lieber, die Leute winken mit Pace-Fähnchen als mit der Reichkriegsflagge.

Aber manchmal frage ich mich schon, wie viele der leidenschaftlichen Pazifisten von heute früher wohl die Hacken zusammen geschlagen hätten.

Die Skepsis ist eine der vornehmsten Pflichten eines freien Bürgers. Und zwar in jede Richtung, zu jeder Zeit. Zuviel Konsens ist immer suspekt – auch wenn einen diese Einstellung manchmal einsam macht.

* * *

Sei du selbst oder: *bleib dir treu* – propagiert der Küchenphilosoph von heute mit stoischer Vehemenz. Die Frage ist allerdings: Wie kann man *sich selber* treu bleiben, wenn der eigene Lebensentwurf doch nichts anderes ist als eine Blaupause für zehn, ja für hundert Millionen andere? Sprich: Wie soll ein ganz und gar fremdgesteuerter Mensch, ein Mitläufer und Opportunist, *er selbst* sein?

Versprochen ist versprochen

Eine der lästigsten Unarten der Menschen ist es, falsche Versprechungen zu machen. Viele kündigen freudestrahlend die tollsten Dinge an – doch sobald man sich umdreht haben sie alles wieder vergessen. Gelackmeiert ist, wer solche Leute beim Wort nimmt. Alles nur hohle Phrasen, heiße Luft. Für mich der Inbegriff an Oberflächlichkeit.

Da ist wieder diese Diskrepanz zwischen dem theoretischen Wissen (nämlich was sich eigentlich gehört) und der Übermacht des Eigennutzes (sprich: dem Egoismus). Aber natürlich sollen die Mitmenschen nicht merken, dass einem deren Bedürfnisse in Wahrheit wurscht sind. Die Folge: Es wird versprochen, oder besser: gelogen, dass sich die Balken biegen. Später fallen einem bestimmt ein paar prima Ausreden ein, warum es wieder einmal nicht geklappt hat. Anstand als potemkinsches Dorf.

Dabei ist es doch eigentlich ganz einfach: Kündige nur an, was du wirklich zu tun bereit bist.

Ich will keine Freunde

Freunde sind etwas Wunderbares – wenn es denn wirkliche Freunde sind. Aber viele Freundschaften sind doch in Wahrheit reine Schönwetterbeziehungen: Sie existieren nur solange es Jux bringt und man nichts Besseres vor hat, oder als Trostpflaster, weil man grad mal wieder solo ist. Der Kumpel als emotionale Pinkelpause.

Wahre Freundschaft heißt jedoch Loyalität, Anteil nehmen am Leben des anderen, und wenigstens ab und an Zeit zu investieren. Wenn das alles zu viel verlangt ist dann heißt es: lebe wohl.

Solidarität

In der Gesellschaft von heute mutet der Begriff Solidarität an wie ein Relikt aus der Steinzeit der neueren Politgeschichte. Der Grund dafür ist, dass es kein gemeinsames Ziel mehr gibt. Oder besser: keinen gemeinsamen Feind. Das nimmt dem Kampf das Kollektive – und somit das Romantische.

Heute ist der Feind die Komplexität: Dein Vorteil ist mein Nachteil – und umgekehrt, vor allem wenn es um Soziale Gerechtigkeit geht. Das Dumme ist eben, dass auch der Staat jeden Euro nur einmal ausgeben kann (siehe **Schlacht um die Ressourcen**). Wie soll man sich unter diesen Umständen noch mit irgendjemandem solidarisieren? Und deshalb ist sich inzwischen jeder selbst der Nächste, dementsprechend der Egoismus die einzig relevante Gegenwarts-Philosophie.

Dabei gibt es durchaus auch heute noch Gelegenheiten, Solidarität zu zeigen. Es gibt immer noch genügend Menschen, die eine Lobby bitter nötig haben: Arme, Kranke, Pflegebedürftige, Einsame, Arbeitslose, wegen ihrer Rasse oder ihrer Religion bedrohte. Und noch viel mehr Eindruck macht Solidarität, wenn man *nicht* selber zu den Betroffenen zählt. Aber ein kleines Opfer muss man dafür schon in Kauf nehmen, vielleicht ein paar Euro investieren oder wenigstens ein paar Minuten zuhören. Sonst ist es nämlich keine Solidarität, sondern Sülze.

Don´t you forget about me

Es ist deprimierend, dass man sich so vielleichter mit etwas Bösem einen Platz in der Geschichte sichern kann als mit etwas Gutem. Willst du um jeden Preis in die Tagesschau, dann nimm ein Auto und überfahr ein paar Menschen. Der Amokläufer von Winnenden hat es – ärgerlicherweise – sogar auf die Titelseite des SPIEGEL geschafft. Wolltest du aber dasselbe mit einer Wohltat erreichen dann ist das schon sehr viel schwieriger.

Ausgerechnet an Hitler wird man sich noch in mehreren hundert Jahren erinnern, aber was ist mit Georg Elser?

Ich weiß es nicht!

Der Pluralismus bringt die dubiosesten Meinungen hervor. Und das Recht auf freie Meinungsäußerung wird oft fehlinterpretiert als eine Art Verpflichtung, zu allem und jedem einen Kommentar abgeben zu müssen. Je größer jedoch die Menge an verfügbaren Informationen, umso schwieriger ist es manchmal, die Wahrheit zu erkennen – und eindeutig Stellung zu beziehen. Manchmal manifestiert sich Klugheit gerade darin, *keine* klare Meinung zu haben. Oder, wie es Dieter Nuhr formuliert: *Wer keine Ahnung hat, einfach mal Fresse halten.*

Es gibt nur eine Wahrheit!

Gibt es verschiedene Wahrheiten? Natürlich nicht. Es gibt immer nur *eine* Wahrheit. Wer etwas anderes behauptet verwechselt die Begriffe „Wahrheit" und „Meinung".

Im Besitz der absoluten Wahrheit ist nur derjenige, der alles weiß. Da das nicht möglich ist können wir uns der Wahrheit also bestenfalls annähern. Das bedeutet allerdings nicht, dass wir nicht auch mit begrenztem Wissen eindeutig die Wahrheit sagen können.

Wer beispielsweise über Auschwitz nicht viel weiß, jedoch – wahrheitsgemäß – davon ausgeht, dass dort Millionen Menschen ermordet wurden, der ist tatsächlich im Besitz der Wahrheit. Die Idee von den verschiedenen Wahrheiten würde jedoch bedeuten, dass auch das Leugnen der Gaskammern tolerabel ist. Und deswegen halte ich Pluralismus in Sachen Wahrheit für absurd.

Auch wenn der Philosoph gern so tut, als erschlösse sich manches Subjekt nur dem Erleuchteten (nämlich, um quasi den Elfenbeinturm hinter sich abzuschließen), so ist es mit der Wahrheit in Wahrheit doch ganz einfach: Wahr ist, was sich beweisen lässt.

* * *

Bei zwischenmenschlichen Konflikten ist eine solche Beweisführung jedoch kaum möglich. Den Kummer, den jemand einem Menschen bereitet, kann dieser nun mal nicht beweisen, sondern nur behaupten – oder, idealerweise, erklären. Die Beschränkung auf die eigene Sichtweise macht es jedoch schwer, sich zu verständigen. Denn der Egoist weiß meistens nicht, dass er einer ist.

Im Prinzip beruhen also auch zwischenmenschliche Konflikte nur auf eine mangelnde Annäherung an die Wahrheit.

Die Kunst des Kompromisses

Wer also mit seinen Mitmenschen in Frieden leben will muss ab und zu einen Perspektivwechsel versuchen. Und manchmal auch ein paar Kompromisse eingehen.

Die Fähigkeit eines Menschen zur Kooperation ließe sich grafisch darstellen, indem man um einen Punkt, der eine Person repräsentiert, einen Kreis bildet, symbolisch für dessen Kompromissbereitschaft. Je größer der Kreis um den Punkt umso größer die Flexibilität dieses Menschen, und umso eher ergeben sich Schnittmengen mit anderen Personen. Und das bedeutet: Spielraum für einen für alle vertretbaren Kompromiss.

Tragischer Weise glauben jedoch gerade Egoisten beim Gegner sehr schnell Egoismus zu erkennen: Wer ihnen nicht auf ganzer Strecke entgegenkommt *muss* einfach rücksichtslos sein. Da hilft dann auch der heute so moderne Kult um die Konfliktbewältigung nicht weiter. Manchmal gibt es einfach nichts mehr zu diskutieren.

Der lange Weg zum Erwachsensein

Was macht einen Menschen zum Erwachsenen? Es ist die Fähigkeit, zu jeder Zeit gleichermaßen selbstbewusst wie rücksichtsvoll mit seiner Umwelt zu interagieren (siehe **Ethisches Bewusstsein**) und außerdem die Bereitschaft, Verantwortung zu übernehmen für das eigene Handeln. Idealerweise bringen uns unsere Eltern die Grundlagen für diese Kompetenzen bei, darüber hinaus ist es jedoch unverzichtbar, mittels eigener Beobachtung zu erlernen, welches Spektrum an Verhaltensweisen für unsere Mitmenschen – und für uns selbst – tolerabel ist.

Wird ein Mensch beispielsweise beleidigt gibt es prinzipiell vier Möglichkeiten zu reagieren:

1. Die Beleidigung ignorieren – eine gute Lösung nur dann, wenn man über ein dickes Fell verfügt.

2. Diskutieren, versuchen, den anderen zur Rücknahme seiner Beleidigung oder gar zu einer Entschuldigung zu bewegen, vielleicht um Verständnis werben – zweifellos die beste Variante, wenn man die Nerven dazu hat.

3. Seinem Zorn freien Lauf lassen, verbal zurückschlagen – was ganz sicher nicht zu einer Deeskalation führt.

Und schließlich:

4. Die Fäuste einsetzen.

Selbst wer nur über eine geringe Lebens- und somit Beobachtungserfahrung verfügt wird bald feststellen, dass die vierte Möglichkeit jenseits vernünftiger (!) Konventionen liegt, denn nur selten mündet eine Beleidigung in einer Schlägerei. Um als Erwachsener ernst genommen zu werden muss man also (zumindest in unserer Gesellschaft) auf Gewalt verzichten.

Mit dreißig, allerspätestens mit 40 sollte die Phase des Erwachsenwerdens durch Beobachten abgeschlossen sein – das bedeutet immerhin eine Lernphase von 15 bis 25 Jahren. Für viele Menschen leider viel zu kurz.

Warum nachtragend sein ok ist

Geprägt von christlichen Traditionen gilt es im Abendland als unbedingte Tugend, seinen Mitmenschen gegenüber versöhnlich zu begegnen. Wenn schon der Liebe Gott dazu bereit ist, alle Sünde zu vergeben, dann sollten wir Menschen das doch wohl auch können.

Ich sehe das anders. Wer will kann – wie oben dargestellt – erlernen, wie man sich mitmenschlich verhält. Am hilfreichsten ist dabei doch immer wieder die Überlegung, wie man selber behandelt werden möchte – ich wiederhole mich. Wer kein Masochist ist den führt diese Frage ziemlich sicher zur richtigen Antwort (siehe **Ethisches Bewusstsein** und **Der lange Weg zum Erwachsensein**).

Wenn sich also jemand als Erwachsener wie ein Idiot aufführt entscheidet er sich doch letztendlich *bewusst* dafür. Er *könnte* sein Verhalten schon mit den Regeln des menschlichen Miteinanders abgleichen – wenn er es sich nicht längst in seinem Egoismus gemütlich gemacht hätte. Unter diesen Umständen wäre es doch geradezu töricht, Gnade vor Recht ergehen zu lassen – ganz abgesehen von dem negativen pädagogischen Effekt: Wie soll eine solche Person jemals begreifen, dass sie sich daneben benimmt, wenn man ihr immer wieder mit Wohlwollen begegnet?

Erst wenn dieser Mensch glaubhaft versichert, dass ihm sein Fehlverhalten leid tut, sollte man zur Vergebung bereit sein. Wenn nicht, ist es legitim, ihm von ganzen Herzen ähnliche Enttäuschungen zu wünschen. Denn nur daraus wird er – möglicherweise – lernen.

Was ist schon normal!?

...fragt der abgeklärte Zeitgenosse gerne immer wieder rhetorisch – und will damit sagen, dass es so etwas wie Normalität bezüglich gesellschaftlicher Konventionen gar nicht gibt. Aber das ist natürlich Unsinn, denn normal ist, was sich als Meinung, Geschmack oder Verhaltensmuster einer großen Mehrheit ermitteln lässt.

Allerdings ist dieser Begriff an sich wertneutral, sodass durchaus auch eine in ethischer Hinsicht verachtenswerte Denkweise in einem rein statistischen Sinne als normal gelten kann – wie beispielsweise der Antisemitismus während der Nazizeit. Das *Normale* ist also keinesfalls automatisch *akzeptabel*. Die Gefahr der weltanschaulichen Verirrung der Masse ist einer der Gründe dafür, warum der Gedanke an das Normale bei vielen Menschen Unruhe auslöst.

Vor allem jedoch ist normal zu sein der Albtraum eines jeden Individualisten, denn normal sein heißt gewöhnlich sein, angepasst und langweilig. Viel lieber möchte man als ein bisschen *ausgeflippt*, *verrückt* oder gar *crazy* gelten – die Profile in den sozialen Netzwerken des Worldwidewebs sind jedenfalls voll von solcherlei absurden Selbstbezichtigungen.

Ich dagegen finde: In einer Zeit, in der Toleranz und Gewaltlosigkeit zu den unumstößlichen gesellschaftlichen Normen zählen, ist es völlig in Ordnung, normal zu sein.

Individualismus – oder: du bist was du trägst

Wer nun aber trotzdem das Bedürfnis verspürt, sich vom Normalo abzugrenzen, dem bleibt immer noch reichlich Spielraum. Da sind zum einen weltanschauliche Lippenbekenntnisse, mit denen man sich irgendwo außerhalb der breiten Masse positionieren kann – meist in reflexartiger Abgrenzung und doch in trauter Eintracht mit all den anderen Subversionsjüngern (siehe **Opportunismus**). Darüber hinaus bietet vor allem die Kleidung Spielraum für ein individualistisches Statement.

Ich frage mich allerdings, ob, sagen wir mal, eine Schlangenlederjacke tatsächlich Ausdruck von Individualität sein kann, wie Nicolas Cage in dem Film „Wild At Heart" behauptet: Eine äußere Hülle, die man in wenigen Sekunden abstreifen kann? Nach meinem Empfinden eine furchtbar oberflächliche, in diesem Fall jedoch immerhin amüsante Vorstellung.

Wer es wirklich schafft, über sich selbst zu reflektieren (was eh nur den Wenigsten gelingt), der weiß auch, dass sich die eigene Persönlichkeit zusammensetzt aus den unentrinnbaren genetischen Vorzeichen und den unzähligen Einflüssen unserer Umwelt. Aus der riesigen Menge an Parametern und einer eventuell vorhandenen Bereitschaft, dieser Konditionierung zu entkommen – was wiederum ebenso vorprogrammiert wäre –

ergibt sich also bestenfalls ein *Hauch* von Individualität.

* * *

Der ursprüngliche Zweck von Kleidung ist zunächst einmal die Verhüllung des Leibes – wegen der natürlichen Scham und zum Schutz vor Kälte. Zwangsläufig ergibt die textile Bedeckung aber auch ein beträchtliches gestalterisches Potential. Und hier beginnt die Qual der Wahl.

Die großflächig propagierten allgemeinen Modetrends machen es dem Durchschnittskonsumenten leicht, allzeit unauffällig (sprich: zeitgemäß) gekleidet zu sein. Grauenhaft wird es, wenn Menschen klaglos und en Detail das Outfit ihres Umfelds übernehmen, bis jedes Mitglied der Clique wie ein Ei dem anderen gleicht.

Ebenso erschreckend ist es jedoch, wenn manche meinen, sich vom Konsumverhalten der Masse abgrenzen zu müssen, indem sie sich statt bei H&M im Second-Hand-Shop einkleiden. Abgesehen davon, dass schwer nachvollziehbar ist, warum sich einige freiwillig wie Obdachlose kleiden, realisieren diese Leute gar nicht, dass ihr Outfit im Grunde eine Art Uniform der Verweigerung darstellt.

* * *

Die Notwendigkeit, sich zu kleiden, besteht natürlich auch für denjenigen, der all diese Mechanismen durchschaut – denn FKK geht nur am Strand. Wer sich dementsprechend zum Ziel setzt, mit Hilfe seiner äußeren Hülle bewusst *keine* Botschaft zu vermitteln (was dann wiederum erst recht eine Botschaft sein kann – die freilich kaum jemand versteht), und wer trotzdem gut aussehen will, der hat es gar nicht mal so schwer. Denn es gibt tatsächlich ein paar Klassiker textilen Designs, denen auch die brutalsten Modetrends nichts anhaben konnten: Vielleicht nicht gerade aufregend oder gar hip, im Gegenteil, eher angenehm unaufgeregt, erwachsen, und vor allem nicht peinlich – erst recht nicht zehn Jahre später. Das Dumme ist jedoch: Um diese Klassiker zu entdecken bedarf es Geschmack. Und über den verfügen nur wenige.

Ich finde: Es gibt eindeutig zu wenig gutgekleidete Menschen mit Tiefgang.

Die Lust an der Apokalypse

Es geht bergab. Immer schon. Solange es die Welt gibt. *Gestern standen wir am Abgrund, heute sind wir einen Schritt weiter*. Der drohende Zusammenbruch der Zivilisation wird immer wieder zelebriert (siehe auch **Ich sehe was was du nicht siehst**). Offenbar lieben die Menschen die Angst vorm Untergang – erst recht, wenn sie aus Deutschland kommen. Schöner Schauer.

Die Frage ist jedoch: Gab es in der Geschichte jemals so etwas wie Kontinuität? Gab es Jahrzehnte, oder gar Jahrhunderte, in denen ohne Unterlass Frieden und Wohlstand herrschte? Natürlich nicht. Nur die Veränderung hat Bestand. Ein zyklisches Auf und Ab ist das einzige Kontinuum, das wir *sicher* erwarten können.

Die subjektive Wahrnehmung einer fortwährenden Abwärtstendenz lässt sich allerdings leicht erklären mit der typisch menschlichen Untugend, das Positive für selbstverständlich zu nehmen, das Negative jedoch bis zum jüngsten Tag zu bejammern. An Fortschritte, egal ob in privater oder gesellschaftlicher Hinsicht, gewöhnen wir uns augenblicklich, Rückschritte dagegen bringen uns nachhaltig an den Rand der Verzweiflung. Es ist also gleichermaßen irrational wie logisch, dass der Mensch andauernd der Apokalypse ins Auge blickt.

Es könnte uns vor manchem Frust bewahren, wenn wir uns gelegentlich daran erinnerten, *was* wir alles besitzen. Z. B. den Frieden in Europa: So viele Jahrzehnte nach dem Ende des Zweiten Weltkrieges scheint die Freundschaft zwischen den ehemaligen Kriegsgegnern selbstverständlich zu sein, ein Normalzustand, ja, fast schon ein wenig langweilig. Erst wenn man sich die Geschichte vor Augen führt wird klar, welch große Errungenschaft die Verständigung im heutigen Europa bedeutet. Anbetracht der diversen Waffengänge zwischen Frankreich und Deutschland ist es einfach lächerlich, wenn heute schon der kleinste Dissens zwischen Berlin und Paris zu einer bedrohlichen Krise hochstilisiert wird.

Die Annäherung der Menschen in Europa nährt meinen Optimismus, dass solche Entwicklungen auch in anderen Regionen der Welt möglich sind. Es ist also keinesfalls naiv daran zu glauben, dass eines Tages auch dort, wo heute noch der Hass regiert, eines Tages Frieden herrschen kann. Und selbst wenn diese Hoffnung trügen sollte – die Apokalypse ist jedenfalls nicht in Sicht.

* * *

Die Möglichkeiten, im Privaten ein Unglück zu erleben, sind zahlreich: Unfall, Feuer, Krankheit, Diebstahl, Scheidung etc. Vor vielen Katastrophen kann man sich schützen – mit Geld. Und so leben ganze Industrien von der Angst des Menschen vor dem Abgrund. Wer die Illusion von Sicherheit im Sortiment hat kann richtig reich werden.

Dass Versicherungen gerne sinnlose Policen anbieten hat jeder schon mal gehört. Auch im Gesundheitswesen wird viel versprochen und nicht alles gehalten: Es gibt eine beträchtliche Anzahl von Medikamenten, die als unwirksam gelten. Wer Angst hat, zahlt trotzdem. Vielleicht gibt es ja wenigstens einen Placebo-Effekt.

* * *

Manche sagen, die Amerikaner seien die Weltmeister der Paranoia. Tatsache ist, dass sie glauben, sich immer noch in Wild-West-Manier mit Waffengewalt selber verteidigen zu müssen, für den Fall, dass sie tatsächlich mal daheim überfallen werden (siehe **Land of the free, home of the brave**). Dabei zeigen Statistiken, dass bei Schießereien getötete Schusswaffenbesitzer allzu oft durch ihre *eigenen* Schießeisen ums Leben kommen. Eigentlich zum Lachen.

Sorglose Langeweile

Überall wittert der Mensch also Gefahren – und versucht sein Leben lang der Bedrohung zu entkommen. Er träumt von einem Leben ohne Angst vor Katastrophen und Enttäuschungen. Das Paradoxe ist allerdings: Eine Welt ohne Sorgen böte uns keine großen Aufgaben, denen wir uns widmen könnten, und keine Niederlagen, an denen wir wachsen könnten (siehe **Hier und Jetzt!**). Und womöglich gäbe es noch nicht einmal große Kunst, denn eines der Motive des Kreativen ist, etwas Vollkommenes zu erschaffen, welches er der Unzulänglichkeit der Welt und seiner selbst entgegensetzen kann.

Eine der klassischen Ambivalenzen in der Psyche des Menschen ist es also, dass er sein Leben lang nach Sicherheit strebt, um sich dann darin zu langweilen. Manche suchen deshalb nach einem Ersatz für den verloren gegangenen Kick, den der Überlebenskampf im Urwald einst bedeutete. Wer partout der Geborgenheit der Zivilisation entrinnen will für den gibt es inzwischen ein vielfältiges Angebot: Wie wäre es beispielsweise mit einem *Survivaltrip im Dschungel*, inklusive knusprig gegrillter Heuschrecken und Blutegel-Attacke? Die Faustregel lautet: Je unangenehmer desto teurer. Und für den Risikorausch zwischendurch gibt es Waghalsigkeiten wie Bungeejumping oder Freeclimbing. Als am coolsten gelten dabei diejenigen, die am meisten riskieren. Zumindest solange sie nicht mit einer Querschnittslähmung im Rollstuhl landen.

So viele Behinderte da draußen

Die Anzahl derer, die behindert sind, ist sehr viel größer als es auf den ersten Blick den Anschein hat. Intellektuelle Behinderungen werden als solche meist gar nicht wahrgenommen: Es gibt unzählige Menschen, die nicht fähig sind, die simpelsten Sachverhalte zu begreifen. Ein Trauerspiel.

Noch weniger Beachtung findet manch mentale Behinderung. Mein Eindruck ist, dass beispielsweise niedere Formen von Autismus weit verbreitet sind. Der Anlass für diese Vermutung ist eine persönliche, immer wiederkehrende Erfahrung: Wenn ich unterwegs bin und eine mir unbekannte Person freundlich grüße, dann erlebe ich häufig seltsame Reaktionen: der Leib verkrampft, das Gesicht verzerrt, kein „Hallo!" und kein „Guten Tag!". Fast so, als wäre diese arme Kreatur irgendwie wahrnehmungsgestört.

Oder führt etwa die Konfrontation mit einem Menschen, der nicht auf seinen Beinen steht, sondern im Rollstuhl sitzt, dazu, dass sämtliche über Jahrzehnte verinnerlichten Konventionen auf einen Schlag vergessen sind? Nach dem Motto: *Hilfe, es spricht mich an!?* Ja, und das gar nicht mal so selten.

Kommen zwei Leute zusammen in einen Laden, der eine Fußgänger, der andere Rollstuhlfahrer. Im Gesicht des Verkäufers Panik. Seine Augen rasen hin und her. Schließlich fängt er sich wieder – und fragt: „Was will er denn?"

So viele Behinderte da draußen.

Die Welt braucht uns

Die Nazis waren fasziniert von der Vorstellung rassisch reiner Gene, und von der Idee, körperliche und geistige Behinderungen für alle Ewigkeit auszumerzen. Deshalb machten sie die Betroffenen zeugungsunfähig oder ermordeten sie gleich. Die sogenannte Euthanasie bedeutete jedoch nichts anderes als die schlimmste Form der Degeneration überhaupt: nämlich die totale Entmenschlichung.

Schon in der noch jungen Bundesrepublik zeigte sich Deutschland gegenüber der Nazizeit gereift, wie der Contergan-Skandal aus dem Jahr 1961 belegt. Die meisten betroffenen Eltern erzogen ihre behinderten Kinder auf die gleiche Weise wie ihre gesunden: Die gleichen Rechte, die gleichen Pflichten, die gleiche Liebe. Und das mit dem Ziel, sie als normale Menschen in die Gesellschaft zu integrieren. Diese wiederum zeigte nicht etwa Verachtung für die Verkrüppelten, vielmehr dominierte der Respekt vor den Opfern. Und schließlich schützte auch der Staat selber die Betroffenen, unter anderem indem er die Herstellerfirma zur Zahlung einer hohen Entschädigung verurteilte.

Heutzutage übernehmen in Deutschland Krankenkassen und Staat im Regelfall bereitwillig die Finanzierung von Hilfsmitteln und Pflege, und es heißt sogar per Gesetz, dass niemand wegen seiner Behinderung benachteiligt werden darf (Gesetz zur Gleichstellung behinderter Menschen). An all diesen Symptomen zeigt sich ein bedeutender ethischer Fortschritt.

Der Weg bis zu einer vollständigen Integration von behinderten Menschen ist jedoch noch weit. Denn ob ein Mensch mit Behinderung spürt, dass er eingeschränkt ist, hängt vor allem von dem Bewusstsein seiner Mitmenschen ab: Das eigentlich Behindernde am behindert sein ist, dass einen die Leute auch so behandeln. Das frühere Motto der AKTION MENSCH trifft den Kern: *Man ist nicht behindert, man wird behindert.*

* * *

Selbstbewusst ist, wer sich trotz menschlicher Schwächen und begrenzter physischer Attraktivität vollständig fühlt. Dieses Stadium zu erlangen ist jedoch für Menschen mit dramatischen Einschränkungen – wie beispielsweise einer Behinderung – ungleich schwerer. Es eines Tages trotzdem zu schaffen kann ein geradezu rauschhaftes Erlebnis sein, nämlich erhobenen Hauptes unter die Menschen zu gehen und zu sagen: Was auch immer ihr seht, ich finde mich gut.

Eine Erfahrung, die viele niemals machen werden. Wie z. B. Prinzessin Letizia von Spanien. Obwohl sie wunderschön ist und – zumindest ökonomisch gesehen – in traumhaften Verhältnissen lebt, glaubt sie allen Ernstes, mit einem winzigen Makel – einem Höcker auf der Nase – nicht leben zu können. Sie hat nicht begriffen, dass Perfektion eigentlich langweilig ist, und dass es manchmal gerade die kleinen Schönheitsfehler sind, die einen Zauber perfekt machen. Da hätte sie sich ein Beispiel an Steffi Graf nehmen sollen.

Offenbar gibt es mehr denn je einen Kult um Jugend und Schönheit. Schuld daran sind Hollywood, das Fernsehen und die Werbung, wo die

Ideale physischer Attraktivität bis zum Abwinken propagiert werden. Infolgedessen erlebt die plastische Chirurgie einen beispiellosen Boom: Wer mittelmäßig aussieht möchte gerne schöner werden, sich den herrlichen Vorbildern aus Showbusiness und Modelbranche annähern. Wer aber hässlich, alt oder behindert ist, der muss sich in sein Schicksal fügen. Die Konsequenz aus dem Perfektionswahn könnte also sein, dass diejenigen, die den äußerlichen Idealen *gar* nicht entsprechen, immer weiter in die Isolation geraten.

Dabei sind es die Schwachen, die Kranken, die Behinderten, die eine Gesellschaft davon abhalten, größenwahnsinnig und oberflächlich zu werden. Es sind die Hilfsbedürftigen, die das soziale Bewusstsein der Allgemeinheit schärfen. Die Welt braucht uns. Auch wenn sie es nicht weiß. Wir wissen es.

* * *

Im Jahr 2007 lief in der ZDF-Reihe „37 Grad" eine Dokumentation über Kinder mit Glasknochen. Einer der bewegendsten Filme die ich je im Fernsehen sah. Nicht weil es so tragisch war, sondern weil diese kleinen Menschen von einer unfassbaren Weisheit erleuchtet waren, wie sie die meisten auch mit 80 Jahren niemals erlangen. Die Klarheit und Gelassenheit mit der sie über das Leben sprachen war einfach überwältigend. Wer daran interessiert ist, ein wenig Demut zu erlernen, der sollte das gesehen haben.

* * *

Wolfgang Schäuble, Deutschlands prominentester Behinderter, ist in Wahrheit gar keiner – er sitzt einfach nur im Rollstuhl. Er hat mal gesagt, er wolle sich nicht zum Lobbyisten für Behinderte machen. Blödmann. Lieber ein Lobbyist für´s Kapital, oder was? Klar, das ist natürlich reine Polemik. Aber mich ärgert seine Ignoranz, denn Tatsache ist: Schäuble weiß gar nicht, was es heißt, so *richtig* behindert zu sein. Denn er weiß nicht, was es heißt, zig Anträge bei Behörden zu stellen, um Hilfsmittel zu betteln, oder die mühsam dazu verdienten Zweimarkfuffzig ans Sozialamt abzuführen. Er weiß nicht, was es heißt, von unmotivierten, schlecht bezahlten Pflegern abhängig zu sein. Er weiß auch nicht, was es heißt, wegen der Stufen nicht in den Laden zu kommen, nicht die Wurst im obersten Regal zu erreichen oder keinen passenden Tisch im Restaurant zu finden. Denn *er* hat für alles seine Fahrer, Assistenten, Bodyguards. Und vor allem weiß er nicht, was es heißt, als Behinderter behandelt zu werden, denn die Leute sehen nicht einen Typen im Rollstuhl, sie sehen Wolfgang Schäuble, den Bundesminister. Kein Wunder, dass er sich erlauben kann, mit uns nichts zu tun haben zu wollen.

* * *

Und dann ist da noch die bis zum Bersten strapazierte Floskel vom *Menschen, der an den Roll-*

stuhl gefesselt ist. Ich kann es nicht mehr hören. Weil es nämlich nichts zu tun hat mit echter Reflektion über ein Leben mit Behinderung, sondern nur mit sentimentaler Effekthascherei.

Schön war die Zeit

Die Kindheit gleicht einer Expedition: Jeden Tag entdecken wir ein bisschen mehr von unserer Umwelt und von uns selbst. Die Erinnerungen an diese Zeit brennen sich dementsprechend tief ein und werden – zumindest wenn sie schön sind – immer einen besonderen Stellenwert haben.

Mit dem Eintritt ins Erwachsenenalter beginnt eine bewusstere Wahrnehmung unserer Lebenswelt. Da sich jedoch alles zu wiederholen beginnt scheint die Zeit plötzlich wie im Flug zu vergehen. Eines Tages wird uns klar, was alles bereits hinter uns liegt. Gut, wenn es schön war, umso schöner, wenn noch viel Zeit bleibt, um mehr Schönes zu erleben. Schwierig wird es erst, wenn sich das Leben dem Ende zuneigt und nur noch übrig ist, was war.

Die Generation derer, die – so wie ich – in den siebziger Jahren aufgewachsen ist, betreibt ein besonderes Maß an Nostalgie: Die Renaissance dieser Dekade will kein Ende nehmen. Aber wir hatten für eine glückliche Kindheit vielleicht auch die besten Voraussetzungen, die es jemals gab: Es herrschte Frieden – das Gedröhn vom Kalten

Krieg war jedenfalls weit weg, den meisten Menschen in Deutschland ging es wirtschaftlich gut, und CO^2 war nur ein Molekül – und noch kein Monster. Wir hatten die schrägsten Frisuren, die grellste Mode, die coolsten Autos und die heißesten Bands. Wir waren Fußball-Weltmeister, hatten Olympia, Biene Maja, Heidi, Wicki und Captain Future.

Und an was bitte sollen sich die Kinder der nachfolgenden Generation erinnern? An Pokemons und Ninja-Turtles? Teletubbies und Transformers? Opel Tigra und Ford Ka? Traumatisch!

Naja, immerhin sind wir Papst.

Gott – der Seele Krückstock

Die Geburt Gottes fand statt in dem Moment, als die Evolution dem Menschen zum ersten Mal erlaubte, über sich selbst nachzudenken. Auf einmal waren da all diese drängenden Fragen: Wo kommen wir her, wo gehen wir hin, können wir unser Schicksal beeinflussen, und vor allem: was ist der Sinn? Die Suche nach Antworten führte in allen Kulturen zu ähnlichen Resultaten: Es muss so etwas wie göttliche Wesen geben, metaphysische Instanzen, die alles Leben beherrschen, von denen wir geschickt wurden, und zu denen wir zurückkehren.

Die Erklärungen, die uns die Naturwissenschaften für das Leben liefern, sind dagegen alles andere als befriedigend: Entstanden sind wir aus Sternenstaub, und wenn wir unseren letzten Atemzug getan haben dann werden wir – so flapsig es auch klingen mag – den Blumen als Dünger dienen. Letztendlich sind wir unseren Genen, der Willkür unserer Umwelt, und den Faktoren unserer sozialen und ökonomischen Herkunft ausgeliefert. Es gibt kein Entkommen, und keinen tieferen Sinn, als dass unser Entstehen und Vergehen dem Kreislauf des Lebens dient. Und am Ende verlieren wir nicht mehr als wir gewonnen haben. Oder wie es MONTY PYTHON formulierten: *You come from nothing, you´re going back to nothing. What have you lost? Nothing!*

Der zum Narzissmus neigende Mensch kann jedoch den Gedanken an den sicheren Tod und daran, eines Tages vergessen zu sein, kaum ertragen. Beinahe zwangsläufig führt die Furcht vor der Vergänglichkeit den Menschen zu der Frage nach einem tieferen Sinn unserer Existenz und zu der Hoffnung auf ein Leben nach dem Tod. Dieses ist der Grund dafür, warum die Sehnsucht nach einer metaphysischen Macht auch in der Moderne bestand hat. (Aus der Erkenntnis, dass es vermutlich keinen *tieferen Sinn* für unsere Existenz gibt, folgt allerdings keineswegs, dass diese gleichermaßen *sinnlos* ist. Vielmehr erwächst die Frage nach dem Sinn des Lebens überhaupt erst aus unserer Fähigkeit zur Selbstreflektion und hat insofern eine rein philosophische Qualität. Von einem naturwissenschaftlichen Standpunkt aus ist die Sinnfrage an sich unsinnig.)

Es hat meines Erachtens etwas Anmaßendes, wenn die Menschen meinen, dass nur metaphysische Erklärungen in Frage kommen für all die Aspekte unseres Universums, die sie nicht zu begreifen im Stande sind. An dieser Denkweise offenbart sich der immer noch existente Mittelpunktwahn des Menschen: Nur weil *wir* den Widerspruch aus der (vermeintlichen) Unendlichkeit von Raum und Zeit bzw. der Endlichkeit unseres Lebens nicht verstehen können, muss es ein höheres, ein göttliches Wesen geben? Vielleicht *sind* wir nur noch nicht soweit, und möglicherweise wird es eines Tages einen evolutionär optimierten Menschen geben, der nur noch im Hier und Jetzt lebt und sich die Sinnfrage nicht mehr stellt. Dieser wird dann keinen Gott mehr brauchen.

Keinesfalls jedoch will ich Religiosität verurteilen, ganz im Gegenteil. Zum einen ist die Sehnsucht nach Gott offenbar systemimmanent und insofern auch nicht überwindbar, zum anderen geht von einer mit Toleranz gelebten Religiosität gewiss keine Gefahr aus. Deshalb wäre es absurd, die Trostmechanismen der Menschen zerstören zu wollen.

Und ich selber wünschte, die Gläubigen hätten recht, denn manche Prüfung ist mit göttlicher Hilfe (bzw. der Vorstellung davon) sehr viel leichter zu ertragen. Der Vergänglichkeit wird der Schrecken genommen, und die Vorstellung, dass wir im Paradies mit unseren Lieben vereint sein könnten, ist ausgesprochen verlockend. Deshalb verfallen auch diejenigen, die meinen, sie seien im Grunde Atheisten, immer wieder in Überlegungen, ob es nicht doch wenigstens so etwas wie einen *göttlichen Funken* gäbe, eine Art metaphysischen Impuls, der unser Universum antreibt. Und spätestens wenn der Pilot verkündet, dass das Flugzeug in wenigen Augenblicken an einem Berg zerschellen wird, dürfte auch der Ungläubigste ein Stoßgebet sprechen.

Dieses ist eine typisch menschliche Ambivalenz: das Rationale im ewigen Konflikt mit den Emotionen. Aber wer kein Ideologe ist kann mit Widersprüchen leben. Warum auch sollte man sich gegen die Hoffnung wehren?

* * *

Ein Albtraum sind jedoch all jene Menschen, die fanatisch sind in ihrer Religiosität, erst recht wenn sie aus (zumindest nominell) freiheitlichen Ländern kommen. Menschen, die 200 Jahre nach Beginn der Aufklärung konsequent die Evolution leugnen – zugunsten der Schöpfungsmythen des Alten Testaments. Die Kreationisten wollen nichts davon wissen, dass wir eng verwandt sind mit den Affen. Für ihre Vorstellung von der Geschichte der Menschwerdung reicht das erste Buch Mose vollkommen aus.

Während jedoch die Mechanismen der Evolution genügend Spielraum dafür lassen, um die Schwächen in der Konzeption des Menschen zu erklären, drängt sich im Zusammenhang mit dem Kreationismus die Frage auf, wieweit es um die Intelligenz jenes Schöpferwesens bestellt gewesen sein muss, Anbetracht der Lust des Menschen an Tod und Zerstörung.

* * *

Auch der neue Feldzug einiger Atheisten (wie z. B. Richard Dawkins) gegen Religionen im Allgemeinen wird an der Sehnsucht des Menschen nach Gott nichts ändern – und hat insofern etwas von Don Quixote. Nur eine Fußnote in der Geschichte der Weltreligionen.

Eines ihrer Argumente ist, dass es einen zwingenden Zusammenhang gäbe zwischen Religiosität und Fanatismus. Aber das ist falsch, vielmehr ist Religion neben Nationalismus, Rassismus oder anderen Ideologien nur eines von vielen Vehikeln für die Neigung des Menschen, sich innerhalb einer Gruppe in Hass über andere zu ergehen. Und die berüchtigsten Massenmörder des 20. Jahrhunderts (Hitler, Stalin, Mao, Pol Pot) waren allesamt Atheisten. Gott ist also am Wahnsinn nicht schuld.

Die große Aufgabe der Aufklärung ist es, den Menschen ethische Prinzipien zu vermitteln – und nicht die Abschaffung von Religion.

Der Papst und die Kirche

Eine der Folgen vom Individualismus ist, dass viele Menschen in religiöser Hinsicht ihren ureigenen Weg gehen. Sie mixen sich einen ganz persönlichen Glaubenscocktail aus christlichen, buddhistischen oder hinduistischen Elementen, angereichert mit ein paar Bröckchen Esoterik und Philosophie. Anderen ist jedoch gerade dieser Eklektizismus zu vage, sie sehnen sich vielmehr nach einem traditionellen und autoritären Hort des Glaubens, nach einer homogenen und stabilen Religionsgemeinschaft.

Wenn konservative Vertreter der katholischen Kirche immer wieder meinen, diese dürfe ihr Fähnchen nicht nach dem Wind hängen, kann ich heute zumindest verstehen, worum es ihnen geht. Bei den Protestanten dagegen schreitet nämlich die Liberalisierung immer weiter fort: Schon Luther erlaubte Pastoren die Heirat, später durften auch Frauen Priesterin und schließlich Bischöfin werden – so weit, so gut. Aber während vor 30 Jahren ein geschiedener Pastor noch zwangsversetzt wurde dürfen sich inzwischen sogar Bischöfe scheiden lassen – ohne Konsequenzen für ihre Karriere. So verständlich diese Toleranz von einem menschlichen Standpunkt aus sein mag, muss man trotzdem fragen: Was bleibt von der Autorität der Kirche übrig, wenn sie sich immer weiter lebensweltlichen Gepflogenheiten anpasst? Gibt es überhaupt noch irgendein Dogma, das für die evangelische Kirche unumstößlich ist?

Eine Reformation provoziert zwangsläufig kontroverse Reaktionen: Den einen geht es zu weit, den anderen nicht weit genug. Am ehesten vermeidet man Unruhe unter den Schafen, indem man alles so lässt, wie es war. Es ist diese etwas lebensferne Kontinuität, die den nachhaltigen Erfolg der katholischen Kirche und des Papstes ausmacht, und die dem Gläubigen wie ein Fels in der Brandung anmutet. Frühestens in ein paar hundert Jahren kann man dann einräumen, sich in manchem doch geirrt zu haben: selbst der Vatikan bestreitet heute nicht mehr, dass die Erde eine Kugel ist. An einer so selbstkritischen Geste erkennt der Fromme dann erst recht die Weisheit des heiligen Vaters.

Ich mag den Papst nicht, aber er fasziniert mich.

* * *

Die große Anzahl von Fällen sexuellen Missbrauchs durch katholische Priester hat zu einer neuerlichen Debatte um das Zölibat geführt. Diese war zwar nötig, ging aber an den eigentlichen Problemen vorbei. Ein Mann, der seit 30 Jahren keinen Sex hatte, mag manch seltsame Fantasie entwickeln, zum Kinderschänder wird er deshalb gewiss nicht. Das Dilemma ist vielmehr, dass die Hierarchie der katholischen Kirchen immer noch einem Staat im Staate gleicht: Verfehlungen werden grundsätzlich nur intern geahndet – ähnlich wie bei der Mafia. Der Unterschied ist nur, dass pädophile Priester immer auf die Gnade ihrer Vorgesetzten rechnen konnten: Versetzung war die höchste Strafe, die sie zu befürchten hatten. Und so durften sie andernorts – unbehelligt von Staatsanwälten und Richtern – weiterhin ihr widerliches Spiel treiben. Das lange Schweigen Benedikts war insofern nur konsequent: Der Papst erlaubt jedem reuigen Schaf die Rückkehr in den Schoß der Kirche – egal ob Nazi oder Kinderschänder. Denn aus seiner Sicht ist es allein am Herrn, zu richten.

Wenn die katholische Kirche im Kampf gegen sexuellen Missbrauch glaubwürdig sein will, dann muss sie zeigen, dass sie sich mehr um den seelischen Schaden der Missbrauchsopfer sorgt als um einen möglichen Autoritätsverlust. Bei einigen Vertretern des Klerus gibt es jedoch eine unerträgliche Diskrepanz zwischen heiligem Selbstverständnis und mangelnder Empathie. Dieses ist der Grund dafür, warum mancher von ihnen glaubt, die Kirche stünde über dem Gesetz.

Hier und Jetzt!

Die Frage danach, was unter dem Begriff „Glück" genau zu verstehen sei, führt immer wieder zu kontroversen Debatten. Viele Menschen meinen, Glück bedeute für jeden etwas anderes. In Wahrheit jedoch sind Glückserfahrungen weitgehend gleichförmig, und dementsprechend ist auch die Streuung der individuellen Ansprüche in Sachen Glück minimal.

Zu den universellen glücksrelevanten Faktoren gehören: Gesundheit, eine funktionierende Partnerschaft, Familie, Freunde, Wohlstand, ein erfüllender Beruf bzw. eine erfüllende Aufgabe sowie ein gewisses Maß an interessantem Erleben. Nicht glücklich werden kann dagegen, wer immer nur den Kick sucht, denn dauerhaftes Glück ist ganz sicher nicht rauschhaft.

Und manchmal nützt uns sogar der Schmerz. Nach mancher Niederlage muss ich zähneknirschend einräumen, dass Sorgen und Probleme nicht nur Quälerei bedeuten, sondern auch Weisheit und Gelassenheit. So schwer es auch zu akzeptieren sein mag, aber man wächst vielmehr an der Niederlage als am Erfolg.

Darüber hinaus sind unerfüllte Wünsche nützlich, weil unsere Sehnsucht ungeahnte Kräfte freisetzt, um für die Zukunft neue Strategien zu entwickeln. Und das kann wiederum manchen unerwarteten Glücksmoment bedeuten: nämlich den Triumph über sich selbst. Es ist insofern fraglich, ob die Erfüllung aller Wünsche überhaupt erstrebenswert ist.

Am Ende am glücklichsten wird, wer seine Lebensumstände als befriedigend empfindet und aufgrund erlittener Niederlagen weise genug ist, um sich über das Erreichte mehr zu freuen, als das Unerreichte zu beklagen.

* * *

In neurologischer Hinsicht ist Glück nichts anderes als die Ausschüttung einer ausreichenden Menge an Glückshormonen. Dementsprechend glücklich kann also nur derjenige sein, dessen genetische Veranlagung für eine entsprechend umfangreiche Produktion sorgt. Erst dann ist ein Mensch dazu im Stande, auch mittelmäßige Lebensumstände als weitgehend befriedigend zu empfinden. Wenn nicht, dann ist Frustration oder gar Depression unausweichlich – selbst wenn es vordergründig keinen nachvollziehbaren Anlass dafür gibt. In vielen Fällen ist eine Depression also ein rein physischer Krankheitszustand, weswegen man deren Symptome selbstverständlich auch mit Hilfe von Medikamenten behandeln darf.

Wir können uns also nur sehr begrenzt selber zum glücklich sein konditionieren – auch wenn viele Menschen nicht müde werden, das Märchen von der Selbstsuggestion zu propagieren. Mit unseren Gedanken beeinflussen wir unsere Gemütslage bestenfalls rudimentär. Das ist sehr wichtig zu wissen, damit diejenigen, die unglücklich sind (wegen ihrer suboptimalen Lebensumstände und / oder mangelnder Glückshormonausschüttung) nicht noch depressiver werden, weil sie fürchten müssen, nur zu blöde dafür zu sein, um sich selber frohlocken zu machen.

* * *

Es ist schwer, Freude zu entwickeln über Dinge, die man hat, Anbetracht der Tatsache, dass manch anderer sie nicht hat – sprich: dass sie zu haben keineswegs selbstverständlich ist. Einfacher ist es (jedenfalls für mich) den Mangel an bestimmten Dingen *nicht* zu betrauern, wenn man feststellt, dass all diejenigen, die diese Sache besitzen, deswegen auch nicht glücklicher sind.

Ein Beispiel aus meiner Lebenswelt: Im Gegensatz zu vielen anderen Menschen mit einer Behinderung kann ich meine Hände in vollem Umfang bewegen. Und das heißt, ich *kann* Zähne putzen, zappen, zärtlich sein. Und doch fällt es mir schwer, mich darüber zu freuen, da diese Fähigkeit so banal zu sein scheint, denn beinahe alle anderen – nämlich die nicht behinderten Menschen – können das auch.

Andererseits bereitet mir die Tatsache Trost, dass Milliarden Fußgänger ihre Mobilität keineswegs als Privileg empfinden. Wenn auch ich schon immer hätte zu Fuß gehen können, dann wüsste ich diese Fähigkeit ebenso wenig zu würdigen wie all die anderen. Ich wäre zwar etwas freier, aber deswegen nicht glücklicher (siehe **Freiheit**).

* * *

Wer Spaß hat fragt nicht nach dem Sinn des Lebens. Ergo ist der Sinn des Lebens, Spaß zu haben. Das mag im ersten Moment oberflächlich klingen. Was ich aber damit sagen will ist: Wenn es uns gelingt, auf Basis unserer akzeptablen Lebensumstände, unseres funktionierenden Hormonhaushaltes und vielleicht sogar mit Hilfe einer positiven Lebenseinstellung zufrieden im Hier und Jetzt zu sein, dann ist das wohl das Beste, ja das Einzige, was wir erwarten können.

Geist – Körper – Seele: Dimensionen der Physis

Die meisten sind sich heute einig darüber, dass der Mensch aus Geist, Körper und Seele besteht. Und natürlich existieren diese drei Aspekte – allerdings nur als Dimensionen unserer Physis. Die Vorstellung von der Seele als einem autarken Ding, dass auch nach unserem Tod weiterlebt, ist nur ein Postulat, eine Behauptung, die wiederum aus der Hoffnung nach dem ewigem Leben erwächst (siehe **Gott – der Seele Krückstock**).

Unseren Körper spüren wir oft nur, wenn er versagt bzw. wenn wir Schmerzen haben. Dagegen ist unsere emotionale Wahrnehmung ständig präsent und manchmal von überwältigender Intensität. Deshalb können wir uns kaum vorstellen, dass unsere Seele nach unserem Tod ebenso zu Staub verfallen könnte wie unser Leib.

Einen besonderen Status erhält die seelische Dimension des Menschen auch dadurch, dass sie im Gegensatz zu unserer äußeren Hülle für unsere Umwelt nicht wahrnehmbar ist. Die Tatsache, dass die Seele in uns verschlossen ist, beflügelt offenbar die Idee, sie könne nach unserem Ableben aus uns entweichen.

In Wahrheit jedoch ist das, was wir Seele nennen, nichts anderes als die Menge jener chemischer Prozesse in unserem Körper, die sich uns als Emotionen darstellen: ein komplexer Cocktail aus Enzymen und Hormonen.

Form und Ausmaß emotionaler Regungen sind genetisch kodiert, ebenso wie unsere äußerlichen Merkmale. Das bedeutet, dass unsere von uns selbst als ganz und gar individuell wahrgenommenen Empfindungen in Wirklichkeit universellen Mustern folgen, und so wie die Größe unserer Nase um einen statistischen Mittelwert schwankt, so sind auch unsere emotionalen Reaktionen weitgehend gleichförmig. Allein die hohe Anzahl der Parameter – also aller prinzipiell verfügbaren Gemütsregungen, die wiederum durch Prägung und durch unsere Gene kontrolliert werden – bewirken ein begrenztes Maß an emotionaler Individualität.

* * *

Manche stellen allerdings die Behauptung auf, dass der Mensch in jedem Falle seines eigenen

Glückes Schmied sei (siehe **Hier und Jetzt!**). Einige gehen sogar soweit, zu behaupten, Krankheiten wären grundlegend nur Manifestationen unserer Psyche. Man könne sich seine Umwelt selber erschaffen und dementsprechend dem vermeintlichen Schicksal entkommen. Wer so etwas behauptet setzt Opfer von Krankheiten und Katastrophen zusätzlich zu ihrem Leiden unter Druck, weil sie denken könnten, sie seien letztendlich selber schuld an ihrer Situation. Mit solchen Thesen verhöhnt man Menschen, die in ihrem Leben einfach nur großes Pech hatten.

Politik, Geschichte, Gesellschaft

Demokratie heißt: misch' dich ein!

Die breite Masse denkt: Demokratie bedeute, alle vier Jahre ein Kreuz zu machen – um schließlich doch nur das geringere Übel zu wählen. Aber das ist derart verkürzt, dass es geradezu falsch ist. In Wahrheit verhalten sich Wahlen zur Demokratie beinahe so wie Sex zur Ehe: Vielleicht – hoffentlich – der Höhepunkt, aber letztendlich doch nur ein kleiner Teil des Ganzen. Denn die eigentliche Arbeit liegt dazwischen.

Demokratie bedeutet nämlich außerdem das Recht, jederzeit seine Meinung sagen zu dürfen, ohne Furcht vor Konsequenzen. Diese Erlaubnis zur Einmischung ist neben freien Wahlen ein gleichrangiges Merkmal einer freiheitlichen Grundordnung und ermöglicht einen basisdemokratischen Meinungsfindungsprozess. Und immer wenn eine Regierung Entscheidungen trifft, die dem Willen der Bürger zuwider laufen, haben diese vielfältige Möglichkeiten, ihren Protest legal zu artikulieren. Die Studentenbewegung sprach in diesem Zusammenhang treffend von *außerparlamentarischer Opposition*. In einer repräsentativen Demokratie – wie der Bundesrepublik – ist der Bürger also auch ohne plebiszitäre Elemente keineswegs zum Zuschauen verurteilt (siehe unten).

Außer der Basisarbeit in den Parteien, der Mithilfe in Non-Government-Organisationen und dem Engagement in den Medien, an der mittels Internetblogs, Leser- oder Zuschauerbrief jeder Bürger partizipieren kann, ist es außerdem möglich, sich *direkt* an seinen Abgeordneten zu wenden – damit dieser erfährt, was der Wähler will. Aber bitte nicht in Form von wüsten Beschimpfungen, sondern mit konkreten Forderungen und Ideen. Es ist ein bequemer Irrtum zu meinen, dass die Initiative für einen Austausch zwischen Wählern und Politikern immer nur von letzterem ausgehen müsse.

Wichtig ist es allerdings, darüber nachzudenken, ob der Staat das Geforderte überhaupt leisten kann, oder ob mancher Wunsch nicht in Wahrheit den Interessen des Allgemeinwohls zuwider läuft. Wer ernst genommen werden will muss zeigen, dass er im Stande dazu ist, die gesellschaftlichen Zusammenhänge zu durchschauen. Wer dagegen nur seine eigenen Bedürfnisse sieht, der sollte nicht am Stammtisch maulen, denn er ist genauso ein Schmarotzer, wie die Bonzen, die er so sehr verachtet (siehe **Schlacht um die Ressourcen**).

* * *

Inzwischen halten viele die Einführung von Volksentscheiden auch auf Bundesebene für notwendig, um dem Bedürfnis der Bürger nach Anerkennung ihres Votums mehr Rechnung zu tragen. Der Wähler sei gar nicht *politikverdrossen*, heißt es, sondern lediglich *politikerverdrossen*. Manche (vermeintliche) Fehlentscheidung der Mächtigen wäre allerdings auch ohne plebiszitäre Elemente zu verhindern, nämlich dann, wenn der Bürger seine Möglichkeiten voll ausnutzen würde (siehe oben), wenn sich die Menschen zeitnah, zahlreich und kompetent in die Debatte einbrächten. Wenn ein Projekt jedoch über viele Jahre öffentlich und doch unbehelligt vom Volkszorn vorangetrieben wird – wie etwa im Falle von Stuttgart 21 – dann ist es durchaus nachvollziehbar, dass eine Regierung mit Unverständnis auf den urplötzlich aufkeimenden Widerstand der Masse reagiert.

Dazu kommt, dass viele politische Themen in ihrer Komplexität für die Mehrheit der Bürger nicht durchschaubar sind. Die Möglichkeit, dass ein Volksentscheid durch Propaganda beeinflusst werden könnte, ist insofern nicht weniger realistisch (und beängstigend) als der heute so oft beklagte Einfluss von Lobbyisten auf die Entscheidungen von Politikern.

Womöglich brächten uns plebiszitäre Elemente mehr Zufriedenheit beim Wahlvolk – eine bessere Politik vermutlich nicht.

* * *

Das hilft ja eh alles nichts ...ist die Lieblingsausrede aller faulen Säcke. Und wer das Engagement des Einzelnen propagiert gilt schnell als naiver Spinner. Dabei besteht auch die größte Bewegung immer nur aus einer Menge von Individuen. Wer also etwas zu gesellschaftlichen Fragen zu sagen hat, der sollte es tun – und wenn es nur zur Beruhigung des Gewissens ist. Wenn nämlich viele so denken, erwächst daraus schnell eine große Macht.

Das postideologische Zeitalter – eine große Chance

In den vierzig Jahren zwischen der Gründung der Bundesrepublik Deutschland und dem Mauerfall repräsentierten CDU und SPD zwei gegensätzliche, konkurrierende Gesellschaftsmodelle. Der Dualismus aus der bürgerlich-kapitalistischen CDU und der proletarisch-sozialistischen SPD bedingte überhaupt erst das System der Sozialen Marktwirtschaft (siehe **Zur Ehrenrettung der Sozialen Marktwirtschaft**).

Seit dem Zusammenbruch des Ostblocks sind die diesen Parteien ursprünglich zugrunde liegenden Ideologien aus dem politischen Alltag weitgehend verschwunden. Infolgedessen ist ein Verlust eindeutiger Parteienprofile erkennbar: Auch die SPD propagiert heute Marktwirtschaft, weil sie eingesehen hat, dass der freie Wettbewerb am ehesten Wachstum bedeutet, von dem über die Steuern auch die sozial Schwachen profitieren. Gleichzeitig hält auch die SPD Einschnitte bei den Sozialausgaben für denkbar, weil sie erkannt hat, dass die Steuerzahler inzwischen in motivationshemmender Weise belastet sind. Die CDU dagegen hat verstanden, dass sie den gesellschaftlichen Frieden nicht ohne soziale Gerechtigkeit gewährleisten kann – weshalb manche bereits von der Sozialdemokratisierung der CDU sprechen. Und in Sachen Umweltschutz wurden die ersten mutigen Maßnahmen bereits unter Kanzler Kohl angeschoben.

Es gibt also eine inhaltliche Assimilierung der großen Parteien, und das ist im Prinzip wunderbar: keine ideologischen Barrieren mehr.

Der Nachteil daran ist jedoch, dass dem Wähler auf diese Weise seine politische Heimat abhanden gekommen ist: Wie soll man sich mit einer Partei identifizieren, die sich inhaltlich kaum von einer anderen unterscheidet? Eine Wahlentscheidung aus programmatischen Gründen ist deshalb kaum noch möglich. Für einen Wahlerfolg kommt es also mehr denn je darauf an, dass ein Spitzenkandidat sympathisch und eloquent ist, sprich, dass er eine gewisse – diffuse – Kompetenz vermittelt.

Die meisten Menschen nehmen den Profilverlust der Parteien wahr als ein weiteres Indiz für das Versagen der politischen Klasse. Davon kann jedoch keine Rede sein: Die programmatische Nähe der Parteien spiegelt vielmehr den allgemeinen weltanschaulichen Konsens wieder, der sich nicht nur in Deutschland, sondern in sämtlichen westeuropäischen Demokratien zeigt – und der sich dementsprechend auch in den Parteiprofilen niederschlägt (siehe **Ethisches Bewusstsein**).

Die Frage ist allerdings: Was fangen wir mit so viel Übereinstimmung an, wo die Demokratie doch vom Wechsel der wiederum von Parteien getragenen Regierungen lebt?

Eine große Koalition ist unter diesen Umständen eine überaus naheliegende Lösung – zumindest theoretisch. Wo keine Ideologien im Wege stehen könnte eine solche Regierung zügig Kompromisse finden, die für beide Seiten vertretbar sind, um eine ganze Reihe unbequemer aber notwendiger Maßnahmen anzuschieben. Die Verantwortung für unpopuläre Gesetze könnte die eine Volkspartei nicht mehr der anderen anlasten.

Leider jedoch haben CDU und SPD diese Chance zwischen 2005 und 2009 weitgehend vertan. Im Nachhinein scheint es fast, als hätten die Koalitionäre vier Jahre lang still gehalten – um auf die nächste Wahl zu warten: Nur wenige Probleme wurden mit der angemessenen Ernsthaftigkeit behandelt. Und auch nach dem Ende von Schwarz-Rot versuchen die Vertreter dieser (und aller anderen) Parteien oft, den Mangel an inhaltlichem Profil mit Polemik zu kompensieren – eine Disziplin, in der es traditionell die Generalsekretäre zur Meisterschaft bringen. Diese Leute glauben, sie machten beim Wähler mehr Eindruck, wenn sie den Gegner diskreditieren, als wenn sie für ein höheres Ziel ausnahmsweise von ihren machtstrategischen Interessen absehen.

Für die Lösung gesellschaftlicher Probleme im postideologischen Zeitalter ist also das traditionelle Parteiensystem offenbar nicht sehr gut geeignet: Wo Konsens herrscht wirkt Konkurrenz lähmend. Solange es uns aber an vernünftigen Alternativen mangelt (und das wird ziemlich sicher so bleiben) müssen wir mit diesem veralteten Modell leben. Mehr denn je ist dementsprechend das Engagement des einzelnen Bürgers gefragt (siehe **Demokratie heißt: misch' dich ein!**). Und ich glaube, dass sich der Einsatz lohnt, denn – wie gesagt: je kleiner unsere ideologischen Barrieren umso größer die Chance auf Einigung.

Schlacht um die Ressourcen

In der Politik geht es letztendlich immer nur um zwei Fragen: Wer zahlt wie viel ein, und wer bekommt wie viel heraus? Es ist eine Schlacht um die Ressourcen zwischen Leistungsträgern (dem Steuerzahler) und Leistungsempfängern (sämtlichen öffentlichen Etats). Dass die Menge dessen, was maximal ausgegeben werden kann davon abhängt, wie hoch die Einnahmen sind, ist eine allzu triviale Erkenntnis – sollte man meinen. In Wahrheit kann man jedoch den Eindruck gewinnen, als durchschauten viele diesen Zusammenhang nicht.

Da ist beispielsweise der Rentner, der sich über seine stagnierende Rente beklagt. Sein Sohn hingegen ärgert sich, dass er die Hälfte seines Einkommens an den Staat abführen muss. Dass aber mehr Rente letztendlich nur mit höheren Abgaben zu finanzieren wäre, oder aber eine Entlastung des Steuerzahlers nur mit Kürzungen bei der Rente (bzw. anderen Leistungsempfängern), ist offenbar nur schwer einzusehen. Dieses Unverständnis für die Komplexität des ökonomischen Gesamtgefüges verstärkt die Aversion der Bürger gegenüber der Politik erheblich.

Das Problem ist also, dass einerseits die Steuerzahler überbelastet sind, andererseits allerorten mehr Geld vom Staat gefordert wird: bei Hartz IV, bei der Rente, bei den Gehältern im öffentlichen Dienst, bei der Gesundheitsversorgung, der Bundeswehr, der Bildung, der Forschung, etc. Unter diesen Umständen muss eine wie auch immer geartete Entscheidung der politisch Verantwortlichen *zwangsläufig* Unmut auslösen – auf der einen oder der anderen Seite. Anbetracht der begrenzten Ressourcen ist es nicht möglich, die Interessen aller gleichermaßen zu berücksichtigen.

Der Bürger muss sich also darüber bewusst werden, dass der Staat niemals für absolute Gerechtigkeit sorgen kann, sondern maximal für faire Kompromisse. Die zentrale Frage darf also nicht sein: Was ist gerecht, sondern: Was ist zumutbar?

Zu den Einschnitten, die ich für zumutbar hielte, gehört eine Reduktion der (höheren) Renten und Pensionen. Bei 20 Millionen Rentnern, einer in den letzten Jahrzehnten erheblich gewachsenen Lebenserwartung und vor allem Anbetracht der demoskopischen Veränderungen ist es meines Erachtens unvermeidlich, das Rentenniveau zu reduzieren. Und ich behaupte, dass es viele Rentner gibt, für die es absolut *zumutbar* wäre, wenn sie beispielsweise 50 Euro im Monat weniger bekämen. Eine solche wenig schmerzhafte Einsparung würde jedoch den Bundeshaushalt bereits um mehrere Milliarden Euro entlasten.

Selbstverständlich wäre eine solche Maßnahme nicht wünschenswert, und Anbetracht der Lebensarbeitszeit dieser Menschen bzw. der geleisteten steuerlichen Beiträge sicher *ungerecht*. Entscheidend ist aber, dass das Resultat keinen dramatischen Verlust von Lebensqualität bedeuten würde – und deshalb *zumutbar* wäre.

Unzumutbar ist dagegen eine Zweiklassengesellschaft im Gesundheitswesen. Egal ob jung oder alt, arm oder reich, für ausnahmslos jeden Menschen in Deutschland muss der volle Umfang medizinischer Möglichkeiten zur Verfügung stehen: Medikamente, Hilfsmittel, Operationen und Pflege (hier kommen dann auch die Rentner wieder ins Spiel). Alles was machbar ist, um Gesundheit zu erhalten und wiederherzustellen, um

Leiden zu lindern und die pflegerische Versorgung zu sichern – und zwar ohne Altersbegrenzung. Ich sage:

Gesundheit – *die* **heilige Kuh**

Für ein gewisses Maß an Lebensqualität ist eine stabile Physis eine der wichtigsten Voraussetzungen, und nur wer gesund ist kann sich eine eigene Existenz aufbauen – um dann selber Abgaben zu leisten. Es ist eine der vornehmsten Aufgaben des Staates, jedem Menschen ohne Berücksichtigung seines Alters und seiner finanziellen Mittel den Zugang zum gesamten medizinischen Spektrum zu ermöglichen. Leider erleben wir in den letzten Jahren, dass die Politik eine entgegengesetzte Entwicklung einläutet.

Ich glaube, dass die Einführung der privaten Krankenversicherung einer der größten Fehler in der Geschichte der Bundesrepublik war, nicht weniger als die teilweise Aufkündigung des bewährten Solidarprinzips im Gesundheitswesen. Früher zahlten junge, gesunde Menschen mit hohen Gehältern ganz sicher mehr ein als sie herausbekamen – zum Vorteil derer, die aufgrund geringer Einkünfte nicht so viel leisten konnten und dann krank wurden. Anbetracht des unbezahlbaren Privilegs, gesund zu sein, hielt sich die Tragik für manchen Vielzahler allerdings in Grenzen. Die private Krankenversicherung dagegen ist nichts anderes als ein Appell an den

Egoismus: Man lockt gesunde Besserverdiener mit niedrigen Beiträgen – und gleichzeitig werden die Lücken in der gesetzlichen Krankenversicherung immer größer.

Für die steigenden Kosten in der Gesundheitsversorgung gibt es zwei Ursachen: Zum einen vergrößert sich ständig das Spektrum der Therapiemöglichkeiten, daraus folgt logischerweise, dass die Lebenserwartung weiter steigt, was wiederum längere – ergo teurere – Therapiezeiträume bedeutet.

Die letzten Gesundheitsreformen begegneten diesem Problem nicht, sondern machten eher den Eindruck von Flickschusterei: Einerseits wollte man den Menschen zwar keine höheren Beiträge oder Einschnitte bei den Leistungen zumuten, andererseits wurde die Eigenbeteiligung erhöht, und die wachsende Bürokratisierung belastet inzwischen Ärzte, Pfleger und Patienten gleichermaßen. Außerdem häufen sich Berichte, nach denen Kassenpatienten eben doch Leistungen verwehrt werden, die Privatversicherte ganz selbstverständlich erhalten. Es ist insofern nachvollziehbar, dass viele mittlerweile von einer Zweiklassenmedizin sprechen.

Um in Zukunft eine optimale Gesundheitsversorgung für alle zu gewährleisten ist es meines Erachtens unvermeidlich, die Rückkehr zum Solidarprinzip zu propagieren. Gleichzeitig muss man den Menschen klar machen, dass die Krankenkassenbeiträge steigen müssen, und zwar zu ihrem eigenen Nutzen. Und wer gesund genug ist, um zu arbeiten und Beiträge zu zahlen, der sollte nicht jammern, sondern dankbar sein.

Soziale Gerechtigkeit: die größte Aufgabe

Die größte Aufgabe der Gegenwart ist die Bekämpfung der Armut – noch vor dem Umweltschutz. Denn wer Hunger hat, dem ist die Umwelt egal.

In Zeiten weltweiter medialer Verknüpfung wächst in den Armenghettos der südlichen Hemisphäre die Kenntnis darüber, wie gewaltig das Wohlstandsgefälle zwischen Nord und Süd ist. Es besteht dementsprechend die Möglichkeit, dass sich eines Tages noch mehr Menschen als sowieso schon aufmachen könnten Richtung Norden, getrieben von der Idee, an unserem Reichtum zu partizipieren. Um eine solche Völkerwanderung zu verhindern müsste man den Menschen einen Anreiz geben, zu Hause zu bleiben, und das bedeutet: zumutbare Lebensbedingungen. Denn nur wer in der Heimat Not leidet ist gerne bereit, diese zu verlassen.

Bei der Bekämpfung von Armut geht es also nicht nur um Idealismus (oder wie Zyniker sagen: um Gutmenschentum), sondern um nichts weniger als den Weltfrieden.

* * *

Um auf nationaler Ebene für mehr soziale Gerechtigkeit zu sorgen ist die Einführung eines Mindestlohnes unverzichtbar – und zwar *ein* Mindestlohn für *alle* Branchen. Wer meint, dieser sei ein Jobkiller, hat nicht verstanden, was einen Arbeitsplatz in Wahrheit ausmacht, nämlich einen fairen Deal: Der Arbeitnehmer stellt seine *Arbeitsleistung* zur Verfügung, der Arbeitgeber zahlt dessen *Lebensunterhalt*. Manche Jobs sind allerdings so schlecht bezahlt, dass von einem Lebensunterhalt keine Rede sein kann. Oft genug muss der Staat zuzahlen, damit ein solcher Arbeitnehmer überhaupt überleben kann. Ich meine: Malochen ohne angemessene Entlohnung ist kein Arbeitsplatz, sondern ein schlechter Witz.

* * *

Ebenso wäre zugunsten des sozialen Friedens ein Maxilohngesetz wünschenswert – aber wohl kaum durchsetzbar. So widerlich wie der vielleicht typisch deutsche Sozialneid auch sein mag, so sehr sind die manchmal grotesken Einkommen der Manager zu Recht dazu angetan, die armen Menschen zornig zu machen (besonders dann, wenn eine der Hauptaufgaben der Bosse darin besteht, ihre Angestellten vor die Tür zu setzen). Ein Maximalgehalt von einer Million Euro per anno wäre mehr als großzügig bemessen. Die jährliche Weltreise ist so auf jeden Fall noch drin.

Zur Ehrenrettung der Sozialen Marktwirtschaft

Wer bei Sachsenring (oder einem anderem Betrieb eines sozialistischen Landes) einen genialen Einfall hatte der bekam zum Dank einen Weißblech-Anstecker mit der Aufschrift: *Held der Arbeit*. In einem marktwirtschaftlichen Unternehmen dagegen werden nützliche Ideen mit barer Münze belohnt. Frage: Was ist förderlicher für die Kreativität?

Was die Gegner der Marktwirtschaft gerne übersehen ist die Tatsache, dass neue, erfolgreiche Ideen oftmals von unten kommen. Neben dem Bedürfnis nach Erfolg und Anerkennung ist die Triebfeder dabei natürlich der persönliche ökonomische Vorteil. Und wenn tatsächlich jemand dank seiner Einfälle reich wird dann profitiert über die Steuern bzw. den Sozialstaat auch die Allgemeinheit davon. Im Sozialismus dagegen wird das gesamte Marktgeschehen vom Staat reguliert: Für die Initiative des Einzelnen ist im Fünfjahresplan kein Platz. Aus diesem Grunde ist der Kapitalismus dem Sozialismus überlegen – zumindest dann, wenn er die sozial Schwachen nicht aus den Augen verliert.

Die Gier, an die die Marktwirtschaft angeblich appelliert, kann ich bei den meisten Menschen nicht erkennen. Ich denke nicht, dass es gierig ist, ein Haus und ein Auto haben zu wollen, zweimal im Jahr in den Urlaub fahren und den Kindern ein schönes Leben bieten zu wollen. Es gibt sogar viele Menschen, die freiwillig ihre Arbeitszeit reduzieren, wohlwissend, dass sie dann weniger verdienen, weil es ihnen wichtiger ist, Zeit für ihre Familie oder ihre Hobbys zu haben.

Aber natürlich sind die Auswüchse des Kapitalismus unübersehbar. Insbesondere der Lobbyismus ist eine Art Pestbeule der Marktwirtschaft: die Interessenvertreter der Besitzenden und der Industrie manipulieren die Politik im Sinne ihres ökonomischen Vorteils. Die Folge ist eine manchmal subtile, manchmal aber auch offensichtliche Korruption, die sich u. a. in unzähligen steuerlichen Vorteilen und sinnlosen Subventionen bemerkbar macht.

Es ist also unbestreitbar, dass es Menschen gibt, die nicht genug bekommen können und mit ihrem egoistischen Verhalten das Allgemeinwohl schädigen. Die entscheidende Frage ist jedoch: Wäre das in einem anderen System *grundlegend* anders? Gibt es eine andere Gesellschaftsordnung, in der sich alle Menschen gleichermaßen edelmütig verhalten? Lächerlich. Es wird immer und überall Schmarotzer und Kriminelle geben.

* * *

Auf der Suche nach der Wirtschaftsordnung von Morgen versuchen sich viele immer noch mit extremen Positionen zu profilieren – weil sie wissen, dass sie auf diese Weise polarisieren können und Aufmerksamkeit erregen. Da sind zum einen die Sozialisten, die trotz des Niedergangs aller sozialistischen Staaten immer noch glauben, dass nur die jeweiligen Regierungen versagt hätten und nicht etwa das System als solches. Und da sind die Neoliberalen, die meinen, Wirtschaftspolitik heiße, sich aus dem Wirtschaftsgeschehen grundsätzlich herauszuhalten, da sich der Markt in jedem Falle selber reguliere.

Nun treibt die LINKE allerdings auch dort, wo sie Regierungsverantwortung trägt, nicht gerade die Verstaatlichung voran. Und sogar die leidenschaftlichsten Verfechter des freien Marktes riefen im Zusammenhang mit der Finanzkrise 2009 lautstark nach dem Fiskus. In der Praxis bleibt also von all den herrlich radikalen Standpunkten nicht viel übrig.

Den Mittelweg zu propagieren scheint dagegen vergleichsweise unattraktiv, ja langweilig zu sein. Und schwierig ist dieser Weg außerdem, weil nämlich immer wieder neu definiert werden muss, wo genau die Mitte verläuft. Denn die Frage, die das System der sozialen Marktwirtschaft immer wieder aufwirft, ist, wie viel staatliche Kontrolle sein muss, bzw. ab wann das Eingreifen der Politik schädlich ist. Eine ewig gültige Antwort auf diese Frage gibt es nicht.

Aber das macht nichts, denn in der Demokratie bricht der Diskurs sowieso niemals ab.

Zwei links, zwei rechts

Man kann es begrüßen oder bedauern, aber ganz sicher nicht mehr leugnen: Die LINKE ist parlamentarische Realität – in Ost *und* West. Allein das Dilemma der sozialen Ungerechtigkeit, welcher die etablierten Parteien nicht sehr erfolgreich begegnen, hat sie dort hingebracht.

Ein Problem bedeutet der Erfolg der LINKEN allerdings nur insofern, als dass es unter diesen Umständen sehr viel schwieriger wird, traditionelle Koalitionen zu bilden. Es wäre deshalb dumm, wenn sich die SPD prinzipiell gegen Bündnisse mit der LINKEN stemmt. Erstens deshalb, weil es längst entsprechende Koalitionen gibt (die auch nicht gerade durch linksextreme Maßnahmen auffallen), zweitens, weil nach der gescheiterten Regierungsbildung in Hessen 2008 sowieso niemand mehr einem grundsätzlichen Dementi glauben würde, und drittens, weil Dogmatismus in der Politik, auch in Koalitionsfragen, grundsätzlich Unsinn ist. Wenn sich ein Konsens bezüglich eines gemeinsamen Regierungsprogrammes finden ließe (und das ist Anbetracht der inhaltlichen Assimilierung der Parteien immer denkbar, siehe **Das postideologische Zeitalter – eine große Chance**), warum sollte man es dann nicht versuchen? Lehnt die SPD jedoch diese Möglichkeit *vor* einer Wahl kategorisch ab, und es kommt später doch dazu, dann kann die CDU wieder einmal so tun, als hätte die SPD den Wahlbetrug erfunden.

Und das Schöne an einer solchen Koalition wäre, dass die LINKE auf diesem Wege die Chance bekäme, sich selbst zu entzaubern. Von ihrem akribisch konstruierten Image als Rächer der Entrechteten bliebe nicht viel übrig, sobald sich wieder einmal zeigt, wie viel schwerer es ist, Versprechungen zu halten, als sie zu machen.

* * *

Mich befällt jedes Mal das kalte Grausen, wenn wieder einmal ein Vertreter der großen Parteien meint, sich gleichermaßen nach rechts *und* links abgrenzen zu müssen. In solchen Momenten könnte man den Eindruck gewinnen, als seien sozialistische Traumtänzer genauso gefährlich wie menschenverachtende Neonazis. Muss ich etwa vor jemandem, der aussichtslos Verstaatlichung fordert, genauso viel Angst haben wie vor jemandem, der friedlichen Bürgern den Schädel einschlägt?

Kohl´sche Diktion

Politiker werden im Allgemeinen als erfolglos wahrgenommen (oft zu Unrecht), als selbstsüchtig (mehr oder weniger) und als geschwätzig (auf jeden Fall). Das schlaffe Gerede um den heißen Brei ist eines der ärgerlichsten Phänomene in der Politik: Die Diskrepanz zwischen epischer Breite und mickrigem Inhalt ist manchmal niederschmetternd. Als ahnten die Damen und Herren schon, wie aussageneutral ihre Ausführungen sind, versuchen sie diesen durch Worthülsen und Steigerung der Wortmenge mehr Nachdruck zu verleihen. Am Ende hat man das Gefühl, in ein Geschützfeuer aus verbalen Wattebäuschchen geraten zu sein, die einem wie Nebelkerzen den Verstand einlullen. *Wir wollen und können, wir müssen und dürfen* – additive Reihungen, die bei näherer Betrachtung genau das Gegenteil dessen bewirken, was sie sollen. *Ich denke, da müssen wir sehr, sehr aufpassen!* Ich nenne es die Kohl´sche Diktion.

Man trauert den ungehemmten Ausbrüchen nach, die oftmals gar Geschichte schrieben – und heute nur noch wie Insignien einer herrlichen Politvergangenheit wirken. *Mit Verlaub, Herr Präsident, sie sind ein Arschloch*. Aber natürlich war früher nicht alles besser: *Was kümmert mich mein Geschwätz von gestern* – ein Klassiker politischer Ignoranz, leider von immerwährender Relevanz.

Ich glaube, dass für die Bekämpfung der Politikverdrossenheit eine ehrliche Kommunikation wichtiger ist als messbare Erfolge. Der Wähler könnte es bestimmt verkraften, wenn man ihm sagt, dass manche Schwierigkeiten vielleicht unlösbar sind – solange er nicht den Eindruck gewinnt, über die Wahrheit im Unklaren gelassen zu werden. Vertrauensverlust gegenüber den Mächtigen ist die größte Gefahr für die Demokratie, nicht unbewältigte Probleme.

Umwelt und Energie

Wer über Umweltschutz spricht der muss auch über Energie sprechen, denn die meisten Umweltschäden stehen im Zusammenhang mit der Herstellung bzw. dem Verbrauch von Energie. Wir benötigen sie für die Erzeugung von Elektrizität und Wärme, für Mobilität und für die industrielle Produktion – sprich, für sämtliche Aspekte eines modernen Lebenswandels.

Die meisten Menschen wissen inzwischen, dass Erdöl knapp wird und dass dessen Verbrennung katastrophale Auswirkungen auf das Klima hat. Sie haben auch verstanden, dass weder Atom- noch Kohlestrom unseren Anforderungen an Sicherheit, Nachhaltigkeit und Umweltverträglichkeit gerecht wird. Die Frage lautet also: Wie soll der riesige und stetig wachsende Energiebedarf der Welt in Zukunft umweltschonend gedeckt werden?

Wenn man weder die rücksichtslose Ausnutzung der bisherigen Energiequellen noch die Rückkehr zu einem vorindustriellen Lebensstandard propagieren will, dann kann man diese Frage zum jetzigen Zeitpunkt nur vage beantworten: Es bleiben uns drei Optionen, die wenig radikal erscheinen – und doch trotzdem schwer zu realisieren sind.

- Da offenbar immer noch ein Großteil der Energie ungenutzt verpufft muss zunächst die *Energieeffizienz* gesteigert werden. Entsprechende Maßnahmen sind jedoch mit Investitionen verbunden, zu denen der Gesetzgeber niemanden zwingen möchte. Doch genau das sollte er tun, denn das gesamtgesellschaftliche Interesse – also der Schutz der Umwelt – hat Vorrang vor dem Anspruch des Bürgers auf Selbstbestimmung.

- Sinnvoll ist es, zukünftig mehr auf *kleine Lösungen* zu setzen – auch wenn die Vertreter der Industrie nicht müde werden, regenerative Energiequellen zu diskreditieren, da diese angeblich auch in Zukunft keine ausreichenden Kapazitäten böten. Die Skepsis der Energielobbyisten ist jedoch leicht zu erklären: Sie streben lange Laufzeiten für ihre Kraftwerke an – zum Zwecke der Gewinnmaximierung. Deshalb sollten wir uns von diesem Gedröhn nicht beirren lassen. Die Wahrheit ist ebenso banal wie überzeugend: je mehr Energie aus regenerativen Quellen, umso weniger Dreck aus Kohle, Öl und Atom.

- Und schließlich bleibt die Hoffnung auf *Innovation*, auf die Optimierung der bekannten regenerativen Energiequellen, und vielleicht sogar auf ganz neue. Und je offensichtlicher die Bedrohung durch Umweltschäden umso größer die Bereitschaft, in die Entwicklung neuer Technologien zu investieren.

* * *

Nach drei Jahrzehnten Anti-Atom-Bewegung scheint allerdings für die Atom-Lobby die Zeit gekommen zu sein, eine Renaissance der Kernkraft zu propagieren. Denn billig und sogar ökologisch sei sie, weil Atomkraftwerke schließlich kein CO^2 ausstießen.

Was diese Leute jedoch unterschlagen ist die Tatsache, dass Atomkraft nur dann als billig gelten kann, wenn man nicht die Milliarden mitrechnet, die der Staat – also der Steuerzahler / Stromkunde – zu zahlen hat, um für die Zwischenlagerung des Atommülls zu sorgen (denn ein *Endlager* gibt es bis heute auf der ganzen Welt nicht). Und nur wer gewissenlos ist kann eine Energie als umweltfreundlich bezeichnen, von deren Müll für Jahrhunderte, ja, für Jahrtausende eine Gesundheitsgefährdung ausgeht. Anbetracht solcher Zeiträume ist die Idee von einem sicheren Endlager per se absurd. Und auch in der Gegenwart hält sich die Umweltverträglichkeit von Atomkraft in Grenzen, da beispielsweise der Abbau von Uran alles andere als CO^2-neutral abläuft. Man kann nur hoffen, dass sich die breite Masse und erst recht die Politik durch die Propaganda der Industrie nicht vom rechten Weg abbringen lässt.

* * *

Auch heute noch glauben viele, dass Umweltschutz vor allem teuer ist. In Wahrheit jedoch ist die Erforschung von Umwelttechnik Gold wert: je größer das globale Bewusstsein für die Umwelt umso größer die Absatzmärkte für die entsprechenden Industrien. Und für die Regierungen dieser Welt gilt, dass sich mit umweltfreundlicher Wirtschaftspolitik vor allem Geld *einsparen* lässt, denn sehr viel teurer als die Erforschung und Beschaffung von Umwelttechnik dürfte eines Tages die Beseitigung von Umweltschäden werden – wenn wir nichts unternehmen.

Öko-Kult, oder doch eher: okkult?

Der Umweltschutz verhält sich zum modernen Lebenswandel wie Aids zur freien Liebe: er ist eine Spaßbremse. Nichts geht mehr ohne die Sorge vor schrecklichen Konsequenzen. Stets drückt das schlechte Gewissen, sobald ein paar Milligramm CO^2 mehr die Erde aufheizen. Deshalb hängen wir an der Hoffnung, unseren Lebensstandard bald mit Hilfe neuer Technologien erhalten zu können ohne dabei die Umwelt weiter zu belasten. Es ist die Sehnsucht nach der Harmonie zwischen Lifestyle und Natur.

Die Debatte darüber ist jedoch wie so oft geprägt von Naivität und Ignoranz. *Wozu Atomkraftwerke? Bei uns kommt der Strom aus der Steckdose*

– damals nur ein spaßiger Spruch, aber im Zusammenhang mit der Energiefrage scheint genau diese Denkweise verbreitet zu sein. So wird Atomenergie abgelehnt (wegen der Risiken bei der Produktion und wegen des Mülls), ebenso wie Kohlekraft (wegen des CO^2-Ausstoßes). So weit so richtig. Inzwischen beklagen sich viele aber auch über die *Verspargelung* der Landschaft, sprich: über die vielen Windräder, die die feine Aussicht auf Deutschlands grüne Auen versperrten. Dass die auf diese Weise erzeugte und dringend benötigte Energie keinerlei Dreck hinterlässt: egal! Solche Leute möchte ich fragen: *Wollt* ihr denn gar keinen Strom? In Ordnung, aber dann nehmt bitte euren Kühlschrank vom Netz, euren Rechner, Fernseher, Föhn, und euren Radiowecker – denn wirklich aufwachen werdet ihr nie.

Ein herrliches Beispiel für den Pseudo-Öko-Wahn ist der TESLA: Ein Sportwagen mit Elektromotoren, angetrieben von 6831 (korrekt: sechstausendachthunderteinunddreißig) Lithium-Ionen-Akkus. 248 Pferdestärken – ganz ohne Gewissensbisse, weil absolut total emissionsfrei. Zumindest während der Fahrt. Aber wo kommt der Strom her, mit dem die Akkus aufgeladen werden? Doch wohl kaum aus der heimischen Photovoltaikanlage!? Außerdem die Frage: Woraus bestehen Akkus eigentlich? Das Ganze ist vermutlich eine riesen Sauerei, schon bei der Herstellung, ganz zu schweigen von der Entsorgung. TESLA: Im Prinzip eine Öko-Verarsche.

Es geht wohl kein Weg daran vorbei: *richtig* Öko heißt Verzicht.

Keine Qual mit Global

Im Zusammenhang mit globalisierungsbedingten Entwicklungen gibt es zu wenige Menschen, die Gelassenheit propagieren und zu viele, die sich mit Schwarzseherei profilieren. Logisch, denn wer den Untergang prophezeit, findet ganz sicher Gehör (siehe **Die Lust an der Apokalypse**). *Chancen* erkennen dagegen nur wenige.

* * *

Die größte Sorge im Zusammenhang mit der Globalisierung bereitet den Deutschen die drohende Verlagerung von Arbeitsplätzen ins Ausland, und das oftmals zu Recht. Inzwischen gibt es jedoch auch Fälle, in denen die Produktion nach Deutschland zurückgekehrt ist: Zu groß waren die Qualitätseinbußen bei der Herstellung. Vor allem jedoch werden in Zukunft durch neue, exportrelevante Spitzenprodukte (wie z. B. in der bereits erwähnten Umwelttechnologie) auch wieder neue Arbeitsplätze in Deutschland entstehen.

Darüber hinaus besteht die Hoffnung, dass manch sparwilliger Manager bald erkennen wird, wie schwierig es ist, seine Premiumprodukte unters Volk zu bringen, wenn er hiesigen Arbeitnehmern allzu niedrige Löhne zumutet – oder viele Arbeitsplätze ganz streicht. Nur ordentliche Gehälter befördern den Absatz hochwertiger Waren, Billiglöhne dagegen die Geiz-ist-geil-Mentalität – und zwar nicht aus Gier, sondern wegen mangelnder Liquidität.

* * *

Die mediale Verknüpfung der Welt bringt es mit sich, dass wir in nie dagewesener Form Kenntnis haben von den sozialen Problemen anderer Länder. Dieses Wissen hat zu einem gesellschaftlichen Umdenken geführt, sodass die Regierungschefs der reichen Länder die Bekämpfung von Armut inzwischen immerhin als dringliche Aufgabe *erkennen*. Dieses ist zumindest ein bescheidener Fortschritt.

Diese Entwicklung ging eindeutig von unten aus: Vor allem die Arbeit der zahlreichen Non-Government-Organisationen hat diesen Paradigmenwechsel bewirkt. Dass sich unter den Fürsprechern für die Ärmsten der Welt auch einige Film- und Popstars befinden hat der Sache sicherlich genützt, denn Prominenz bedeutet nun mal mediale Aufmerksamkeit. Jeder, der dieses Engagement ins Lächerliche zieht, ist deshalb für mich ein Idiot (siehe **Demokratie heißt: misch' dich ein!**).

* * *

Ein anderer positiver Aspekt der Globalisierung geht vom Internet aus: Während herkömmliche Massenmedien leicht zu kontrollieren sind, kann im Internet jeder Bürger Informationen veröffentlichen. Natürlich ist auch auf diesem Wege Propaganda möglich, allein durch die Menge an verfügbaren Informationen sind Lügen jedoch viel schneller zu entlarven. Dieses bedeutet unterm Strich einen Vorsprung für die Wahrheit.

Darüber hinaus gibt es dank des Internets die Möglichkeit für einen direkten und interindividuellen Austausch über die Kontinente hinweg. Auf diese Weise wird sich – analog zur Verbreitung des Internets – in der Welt das Bewusstsein vermehren, dass ideologische Vorbehalte gegenüber anderen Völkern, Religionen und Hautfarben Unfug sind.

Globalisierung bedeutet also vor allem, dass die Welt näher zusammenrückt. Und das macht mir keine Angst.

Wo bleibt der Clash?

Dass der islamistische Terrorismus eine ernste Bedrohung ist wird niemand bestreiten wollen. Aber letztendlich doch nur für Leib und Leben einiger Menschen (so zynisch das auch klingen mag), keinesfalls jedoch für die Existenz unserer freiheitlichen Gesellschaft. Wenn mancher Wichtigtuer den *Clash der Kulturen* heraufbeschwört könnte man aber genau das vermuten: Der Islam sei so feindselig, dass er den Westen eines Tages überrollen wird.

Dieses Szenario erscheint mir jedoch geradezu paranoid. Ich behaupte, dass die große Mehrheit aller Moslems dem Westen gegenüber ohne Hass ist, und dass Moslems – ebenso wie alle Anders- und Nichtgläubigen – mit dem Rest der Welt in Frieden leben wollen.

Die größte Gefahr, die unserer Gesellschaft im Zusammenhang mit Terrorismus droht, ist deshalb die wachsende Bereitschaft der westlichen Politiker, diesen als Legitimation zur Beschneidung der Freiheit zu missbrauchen. Panikmache könnte eines Tages die Bevölkerung dazu bringen, freiwillig einen Teil ihrer Grundrechte aufzugeben. Am Ende hätte der Terror obsiegt, und zwar insofern, als dass wir zu dessen Überwindung wichtige Bestandteile unserer Verfassung opfern.

Um den Terrorismus nachhaltig zu bekämpfen ist es vor allem notwendig, den Ursprung des Hasses zu ermitteln. Ich denke, dass die meisten Menschen in Europa davon überzeugt sind, dass es der politische Chauvinismus der Amerikaner war, der zum Antiamerikanismus geführt hat – und zwar nicht nur in der islamischen Welt. Wer für sich selber Frieden und Freiheit fordert, dann aber Krieg und Unterdrückung in die Welt trägt, macht sich selbstverständlich Feinde. In Europa war die Konsequenz nur Protest, in der islamischen Welt dagegen Aggression (siehe **Land of the free, home of the brave**). Ich will den 11. September ganz sicher nicht schön reden, tatsächlich jedoch ist der Weg in diese Katastrophe erklärlich.

Die über Jahrzehnte praktizierte amerikanische Politik der Härte hat sich gerade im Zusammenhang mit der Bekämpfung des islamistischen Terrors nicht bewährt. Menschen, die bereit sind, für ihren fanatischen Kampf ihr Leben zu opfern, kann man mit Gewalt nicht beeindrucken. Wir brauchen vielmehr Diplomatie statt Drohungen – auch wenn diese Strategie manchmal Kompromisse bedeuten mag, die jenseits der Schmerzgrenze liegen. Heute bin ich sogar für Verhandlungen mit den Taliban, da diese Barbaren offenbar militärisch nicht zu besiegen sind. Hartnäckiges Verhandeln zugunsten humanitärer Ziele, in Kombination mit weitgehendem Gewaltverzicht – nur auf diese Weise kann in der islamischen Welt ein Bewusstsein dafür wachsen, dass es inzwischen gar keinen Grund mehr gibt, den Westen zu hassen.

* * *

Manche jedoch meinen, dass vom Islam eine Bedrohung apokalyptischen Ausmaßes ausginge und dass viele diese Gefahr immer noch unterschätzten. Henryk M. Broder beispielsweise beklagt in seinem Buch *Hurra, wir kapitulieren* das angebliche Einlenken des Westens gegenüber dem Islam. Er ist nicht im Stande, einen Unterschied zu erkennen zwischen einem Kotau vor dem Islamismus – der verwerflich wäre und zweifellos gelegentlich vorkommt – und sinnvollen diplomatischen Kompromissen. Dementsprechend drischt er ein auf Menschen, die den Dialog suchen, ohne zu begreifen, dass genau dieser notwendig ist, um eine Annäherung zu erreichen. Er warnt lieber vor 30 potentiellen deutschen Islamisten, als die 3 Millionen Deutschtürken zu würdigen, die hier als friedliche Bürger leben. Was Broder allerdings nicht zu bieten hat sind konstruktive Vorschläge für den Kampf gegen Extremismus und für Integration. Im Prinzip sind seine Ausführungen also nichts anderes als eloquent verpacktes Stammtischpalaver.

* * *

Peter Scholl-Latours Wissen über die politischen Verhältnisse in nahezu jedem Land dieser Welt ist gewiss zum Niederknien. Er weiß wirklich über alles ganz genau bescheid: darüber, welche Gefahren uns in Zukunft drohen (vor allem nämlich aus Pakistan), und immer wieder darüber, was Merkel und Co. alles falsch machen. Seine Skepsis gegenüber den Politikern ist so sicher wie das *Inschallah* in der Moschee – gerade im Zusammenhang mit Maßnahmen gegen den Islamismus. Was man jedoch stattdessen machen sollte, darüber schweigt er sich allzu oft aus.

Wir *waren* alle Ausländer

Inzwischen gibt es in Deutschland so viele Menschen mit Migrationshintergrund, dass eine bunte Mischung kultureller Einflüsse und Hautfarben die Norm ist. Selbstverständlich gehört der Islam inzwischen zu Deutschland – ebenso wie Döner Kebab oder Pizza Lahmacun. Und wer die Namen Özil, Akin, Yanar und Kekilli kennt, muss zugeben: All diese Leute sind – im besten Sinne – stinknormale Deutsche. Die Integration ist also nicht gescheitert, sondern vielmehr in vollem Gang.

Der Begriff „Ausländer" hat heute eine ganz andere Aufladung bekommen: Nicht mehr die Herkunft ist entscheidend für dieses Stigma, sondern die Einstellung. Gefühlt ist ein Ausländer jemand, der den europäischen Wertekanon nicht akzeptieren will. Selbstverständlich ist es legitim (und *nicht* ausländerfeindlich), Menschen zu kritisieren, die ihre anachronistischen Wertvorstellungen aus der Heimat mitbringen und die Freiheit anderer – oft genug ihrer eigenen Familienmitglieder – bedrohen. Toleranz gegenüber intoleranten Traditionen ist Verrat an den Prinzipien unserer Verfassung (siehe **Freiheit**).

Nicht legitim ist es jedoch, mit der leider unausrottbaren Paranoia von Kleinbürgern Geld zu verdienen. So wie z. B. Thilo Sarrazin: Deutschland schafft sich nicht ab, Deutschland definiert sich neu (und auch diese Vorstellung dürfte für reaktionäre Menschen kaum zu ertragen sein).

Er bejammert unabänderliche Fehler der Vergangenheit, schlägt Integrationswilligen ins Gesicht und beschwört das Ende des christlichen Abendlandes. Zukunftsweisende Vorschläge hat er dagegen nicht – typisch für alle Untergangspropheten (siehe **Die Lust an der Apokalypse**).

Was wir im Zusammenhang mit der Integrationsfrage brauchen ist Kreativität, Gelassenheit und Optimismus. Was wir nicht brauchen ist Panikmache á la Sarrazin.

Terrorprävention ums Verrecken

Eine der irrwitzigsten Ideen, die in der Geschichte der Bundesrepublik je diskutiert wurden, war der Versuch, den Abschuss von zivilen Flugzeugen im Falle einer Terrorbedrohung gesetzlich zu reglementieren. In der gesamten Geschichte der Menschheit gab es einen einzigen Fall, in dem Verkehrsmaschinen als Terrorinstrumente missbraucht wurden. Erst als das zweite Flugzeug ins World Trade Center stürzte war mit an Sicherheit grenzender Wahrscheinlichkeit davon auszugehen, dass die anderen entführten Maschinen einem ähnlichen Schicksal entgegen gehen würden. In diesem Falle wäre es vertretbar gewesen – auch ohne konkrete Gesetze – die Flugzeuge abzuschießen. Niemand wäre für diese Entscheidung zur Rechenschaft gezogen worden, da es sich hier – unter barbarischsten Vorzeichen – um eine durchaus vernünftige Abwägung gehandelt hätte.

Die Wahrscheinlichkeit jedoch, dass sich dieses Szenario *genauso* wiederholt, geht quasi gegen Null. Es würde sich in ähnlichen Entführungsfällen vermutlich nur um ein einzelnes Flugzeug handeln. Wer wollte dann jedoch prognostizieren, was der Entführer tatsächlich vorhat? Wer wollte dann verantworten, die Passagiere zu opfern, nur um eine *eventuell* größere Bedrohung abzuwenden? Wie sollte eine Situation, die mit so vielen Unwägbarkeiten verbunden ist, gesetzlich eindeutig geregelt werden? Blinder Aktionismus. Hirnverbrannt.

Her mit der Schuld!

Die Aufarbeitung der Verbrechen des Nazi-Regimes ist eine der großen Leistungen der Bundesrepublik. Die Deutschen der Gegenwart beziehen ihr Selbstbewusstsein nicht zuletzt aus der Tatsache, dass sie sich mehrheitlich der dunklen Seite ihrer Geschichte bewusst sind. Im Umgang mit historischen Verfehlungen hat sich die Erkenntnis durchgesetzt, dass es schändlicher ist, diese zu leugnen als sich mit ihnen auseinanderzusetzen. Denn der Nestbeschmutzer ist derjenige, der die Gashähne aufdreht, und nicht der, der davon erzählt.

Im Zuge dieser prinzipiell wunderbaren Entwicklung ist in Deutschland die Neigung zur Schuldanerkenntnis zum ideologischen Mainstream geworden. Die Folge ist, dass manche ein wenig über das Ziel hinaus schießen: Wenn wir Deutschen schon dabei sind, uns mit Asche zu berieseln, warum übernehmen wir dann nicht auch gleich die volle Verantwortung für den *Ersten Weltkrieg*? Betrachtet man die mediale Aufarbeitung dieses grausigen Kapitels europäischer Geschichte dann scheint es inzwischen Konsens zu sein, dass Wilhelm II. ganz allein diesen Waffengang vom Zaun brach – und somit wir Deutschen. Und wer wollte da schon widersprechen, wenn er aus Frankreich, England oder Russland kommt. Ich glaube jedoch nicht, dass derjenige, der den ersten Schuss abgibt, allein schuld ist – wenn alle anderen das Schlachten genauso herbeisehnen.

* * *

Überhaupt bietet der Umgang mit Geschichte die Möglichkeit, sich mit gewagten Thesen zu profilieren – weil vieles letztendlich nicht mehr zu ermitteln ist oder die historischen Quellen mal diese, mal jene Interpretation zulassen (je nach dem, welche Behauptung man bestätigt sehen will). Deshalb neigen einige Wissenschaftler dazu, historische Zusammenhänge zu implizieren, die so gar nicht vorhanden sind. Ein wenig mediale Aufmerksamkeit ist auf diese Weise sicher drin.

Im Jahre 2004 sprachen Historiker in einer SPIEGEL-Titelgeschichte vom *zweiten Dreißigjährigen Krieg* – gemeint war die Phase zwischen 1914 und 1945. Zugegeben, zwei spektakuläre Waffengänge fallen in diese Zeit, aber ebenso ganze 21 Jahre, in denen es schlimmstenfalls ein paar Scharmützel auf den Alleen Berlins gab. Von einem zweiten Dreißigjährigen Krieg kann also auch mit noch so viel Phantasie keine Rede sein.

Auch die Frage danach, wie es überhaupt zum Dritten Reich und der nachfolgenden Gewalteskalation kommen konnte, verführt so manchen Historiker zu erstaunlichen Behauptungen: Einmal ist die Großmannssucht des deutschen Kaisers Urquell aller nachfolgenden Katastrophen. Andere meinen, die Preußische Tradition – der Kadavergehorsam – habe Europa in den Untergang geführt. Manche sagen auch, die Weimarer Republik sei schuld, weil sie unfähig war, den sozialen Problemen und der politischen Unruhe in Deutschland erfolgreich zu begegnen.

All diese Thesen implizieren, dass der Weg in Krieg und Massenmord in irgendeiner Form vorprogrammiert gewesen sei, dass man all das letztendlich gar nicht hätte verhindern können, ja, als gäbe es so etwas wie eine grausame Fügung. Tatsache ist jedoch, dass es für die Verbrechen des Hitler-Regimes keinerlei irgendwie schlüssige, einleuchtende oder gar logische Erklärung gibt. Zwar wäre ohne einen eklatanten Mangel an ethischem Bewusstsein in weiten Teilen der Bevölkerung der Triumph des Grauens niemals möglich gewesen. Dass es jedoch tatsächlich zu einer solchen Eskalation der Gewalt kam lag letztendlich nur an einer Reihe von dummen Zufällen – und banalen Ereignissen.

Beispielsweise daran, dass Adolf Hitler sich nicht als Künstler verwirklichen konnte, nämlich weil man ihm das Kunststudium versagte. Stattdessen avancierte er zum „Führer", da er zufällig zur richtigen Zeit am richtigen Ort war, nämlich als die Deutschen der Weimarer Republik keine Chance mehr gaben und sich nach einem neuen „starken Mann" sehnten. Und dann gab es da noch den unfassbaren Zufall, dass Hitler bei keinem der zahlreichen Anschläge gegen ihn ums Leben kam.

Die groteske Wahrheit ist: ohne all diese Zufälle kein Hitler, ohne Hitler kein Nazi-Regime, kein 2. Weltkrieg, kein Holocaust, kein geteiltes Deutschland und kein 3. Oktober.

Vielleicht hat mancher Historiker Angst davor, diese Wahrheit auszusprechen, weil er sich der Empörung derer sicher sein kann, die immer noch die unsinnige Idee von der Kollektivschuld der Deutschen vertreten. Dabei mindert die Tatsache, dass Hitler der einzige *Initiator* all dieser Gräuel war, doch nicht im Mindesten die Schuld derer, die ihm bei der Umsetzung seiner Horrorvisionen halfen. Ohne ein Millionenheer von Mitläufern und Mittätern hätte Hitler über keinerlei Macht verfügt – und das ist das eigentlich Beängstigende: Die Wahnideen eines Einzelnen machten Millionen zu willigen Barbaren (siehe **Ethisches Bewusstsein**).

Es war nicht alles schlecht...

...ist ein Satz, mit dem man noch jeden deutschen Politmoralisten in den Wahnsinn treiben kann. Wer erinnert sich nicht an den Auftritt von Eva Hermann bei Johannes B. Kerner, wo sie genau diese Tatsache zu erläutern versuchte. Keine Frage, von Weisheit erleuchtet ist diese Dame sicher nicht gerade, aber sie hat Recht, wenn sie meint, dass die Leute sofort in eine Art Empörungsstarre verfielen, sobald man nur zart darauf hinweist, dass die Menschen auch heute noch gerne eine von Hitlers Errungenschaften nutzten – nämlich die Autobahn. Kaum war das Wort „Autobahn" im Raum verhallt erfüllte Kerner auch schon das soeben skizzierte Klischee, und parierte: „Autobahn geht nicht". So was nennt man dann wohl Realsatire.

* * *

Als Ralph Giordano im Jahr 2000 in seinem Buch *Die Traditionslüge* behauptete, der 2. Weltkrieg sei gegenüber dem Holocaust das größere Verbrechen, erwartete ich einen Sturm der Entrüstung – der ganz sicher gekommen wäre, wenn Jürgen Möllemann diese These verbreitet hätte.

Doch nichts geschah. Der Grund dafür ist, dass sich die Hüter der Political Correctness in einem furchtbaren Konflikt befanden: Wenn sie Giordano *nicht* widersprechen, dann sagen sie, Auschwitz war gar nicht so schlimm. *Wenn* sie ihm aber widersprechen, dann erheben sie sich über jemanden, der nicht nur Jude ist, sondern auch noch ein Überlebender des Nazi-Terrors, und der darüber hinaus auch noch als besonders weise gilt – dann doch lieber die Klappe halten. Ich meine allerdings, Giordanos These ist Unsinn, denn wer das eine Leichengebirge gegen das andere aufrechnet ist ein Schwätzer und Provokateur. Kann natürlich sein, dass er es genau deshalb getan hat.

* * *

Auch nach über 60 Jahren ist das Dritte Reich für die Deutschen immer noch ein heikles Thema. Aufgeklärt ist beinahe alles, wirklich abgeklärt sind wir allerdings noch nicht.

In der ersten Phase nach dem Dritten Reich gab es nur die Verdrängung. Die Täter fügten sich geschmeidig ins System – genauso wie sie es früher getan hatten. Und die Schuldlosen waren ebenso wie die überlebenden Opfer froh, das Grauen hinter sich zu haben – so sehr, dass die Schuldigen kaum etwas zu befürchten hatten.

Vermutlich war diese Phase des Stillhaltens notwendig, um in den Trümmern überhaupt neues

Leben gedeihen zu lassen. Heute, wo Kiesinger und Co. verblichen sind (also diejenigen, die ebenso bei den Nazis wie in der Bundesrepublik Karriere machten) fällt das Aufarbeiten naturgemäß leichter. Es gibt niemanden mehr, der das verhindern oder die Nestbeschmutzerkeule schwingen könnte.

Heute, in der zweiten Phase, wird jedes Detail der Nazi-Zeit ans Licht gebracht und für ein breites Publikum aufbereitet: Auschwitz und 2. Weltkrieg sind Quotengaranten und mutieren gelegentlich zum reinen Entertainment (siehe **Horrorfolklore mit Adolf und Eva**). Gleichzeitig ist jedoch alles in politisch korrekter Emphase erstarrt, sodass jeder sofort gesteinigt wird, der auch nur in den Verdacht gerät, irgendwie mit den Nazis zu sympathisieren – siehe Eva Hermann. Als könnte unsere Demokratie ihr Geschwätz nicht aushalten. Enttabuisierung sieht anders aus.

In der nächsten Phase werden wir Deutschen mit unserer Geschichte hoffentlich endlich abgeklärt umgehen können: immer wieder mit Demut Anbetracht der Verbrechen der Vergangenheit, aber auch mit Freude, vielleicht sogar mit ein wenig Stolz auf die glücklichen, die erfolgreichen Kapitel – wie z. B. 60 Jahre Bundesrepublik. Verantwortung gegenüber unserer Geschichte kann sich nicht nur in ewigem zu Kreuze kriechen erschöpfen, vielmehr bedeutet ein gesundes Selbstbewusstsein (auch bezüglich der nationalen Herkunft), die guten und die Schattenseiten der eigenen Identität zu kennen und zu akzeptieren.

Wir müssen also nicht jedes Mal in Hysterie verfallen, wenn jemand etwas sagt, was den Konsens ein wenig sprengt.

Der nette Nazi

Der Untergang des Dritten Reiches bedeutete für Millionen gläubiger Anhänger eine schwere Identitätskrise. Als die Besatzer dann auch noch die Bevölkerung schonungslos mit den Gräueltaten der Nazis konfrontierten machte sich vermutlich so manches Gewissen überraschend wieder bemerkbar: So viel Leid, und das alles im Namen des deutschen Volkes! Plötzlich fragte man sich: Sollten wirklich alle Vertreter dieser Regierung, der man doch so lange zugejubelt hatte, Verbrecher gewesen sein? Gab es niemanden, der sich aller Verwicklungen zum Trotz seinen Anstand bewahrt hatte? Also so etwas wie ein prominentes Vorbild, hinter dem sich all die hätten verstecken können, die sich beim Sieg-Heil-Brüllen nichts dachten?

Albert Speer verstand es mit eiskalter Berechnung, sich selbst als genau diese Identifikationsfigur zu inszenieren. Es ist seltsam, dass ein Mann wie Joachim Fest, der stolz darauf war, bereits als Jugendlicher gegen Hitler gewesen zu sein, Speer dabei half, seine lücken- und lügenhaften Memoiren (*Erinnerungen*, 1969) zu verfassen. Noch in dem Film „Der Untergang" aus dem Jahr 2004 schließt sich Regisseur Oliver Hirschbiegel der landläufigen Darstellung von Speer an: ein Verehrer des Führers zwar, und doch ein Mann mit edlem Charakter, weil er nämlich genügend Rückgrat besaß, um sich (möglicherweise) manchem Nerobefehl Hitlers zu widersetzen.

Erst in Heinrich Breloers „Speer und er" wurde endlich mit der absurden Legende vom netten Nazi aufgeräumt. Wie die sich so lange halten konnte, ist rätselhaft, denn seit eh und je ist bekannt, dass Albert Speer als Leibarchitekt Hitlers nicht nur einer seiner engsten Vertrauten gewesen ist, sondern außerdem von 1942 bis zum bitteren Ende das Amt des Rüstungsministers inne hatte. In dieser Position war er ganz gewiss informiert darüber, dass nicht nur fleißige deutsche Arbeiter in der Waffenproduktion tätig waren (die mussten schließlich alle an der Front), sondern Kriegsgefangene, die oft durch unmenschliche Arbeitsbedingungen zu Tode gefoltert wurden.

Und während sogar viele Juden ahnten, dass sie nach ihrer Deportation in den Konzentrationslagern ermordet würden, will ausgerechnet Speer – regelmäßiger Gast in Reichskanzlei, Wolfsschanze und am Obersalzberg – von all dem nichts gewusst haben? Wie naiv muss man denn sein, um das zu glauben?

Die Wahrheit ist: Speer war ein widerlicher Barbar. So wie alle Nazis.

Mahnmal für die Ermordeten

Das Ausmaß der Kritik am Mahnmal für die ermordeten Juden Europas in Berlin hat mich geärgert, obwohl auch ich diesen Entwurf nicht gerade für einen Geniestreich halte und eine einzige Gedenkstätte für *sämtliche* Opfer des Naziregimes für sinnvoller erachtet hätte. Da eine kritische Haltung in dieser Angelegenheit jedoch offenbar Konsens ist (meines Erachtens geprägt von der Neigung vieler Menschen zum undifferenzierten Genörgel) möchte ich im Weiteren nur noch Wohlwollendes dazu anmerken:

1. Überhaupt ein zentrales Mahnmal zum Gedenken an den Holocaust zu errichten war eine wichtige symbolische Geste, die ganz sicher in der Welt auch so verstanden wurde. Die Auswahl des Standortes – im Herzen Berlins, in der Nähe der ehemaligen Reichskanzlei – verstärkt diesen Symbolcharakter entscheidend.

2. Die Gestaltung eines solchen Mahnmals ist zum einen sehr schwierig – das hat der jahrelange Streit eindrucksvoll gezeigt, und im Grunde genommen auch zweitrangig, denn es geht vor allem um die grundlegende Absicht, ein sichtbares Indiz zu schaffen für die Tatsache, dass es im heutigen Deutschland ein Bewusstsein gibt für

die Verantwortung gegenüber den Verbrechen der Vergangenheit.

3. Auch wenn das Mahnmal recht abstrakt sein mag (vielleicht sogar gerade deswegen) wird es sicher viele Besucher dazu anregen, sich gedanklich mit den Geschehnissen des Holocaust auseinanderzusetzen. Dann hätte dieser Entwurf seinen Zweck erfüllt.

4. Kaum war das Mahnmal fertig begann es auch schon zu bröckeln. Dieses ist ganz sicher eine peinliche Posse – aber nicht für die Initiatoren, nicht für Architekt Peter Eisenman, und schon gar nicht für uns Deutsche. Sondern allein für den Hersteller des Betons.

5. Es wird kritisiert, dass manche Besucher von Stein zu Stein springen, ihre Lunchpakete dort auspacken, und sogar ihre Hunde gegen die Stelen pinkeln lassen. Und wenn schon. Auch ein vermeintlich besserer Entwurf würde nichts daran ändern, dass vielen Menschen das geistige Rüstzeug für ein angemessenes Gedenken fehlt.

Bundeswehr im Ausland

Wenn ein Mensch auf der Straße bedroht oder geschlagen wird, und niemand eilt zu Hilfe – dann ist die Empörung groß. Die meisten halten es offenbar für ein eindeutiges Gebot, seinen Mitmenschen in der Gefahr beizustehen.

Wenn nun aber ein ganzes Volk in Bedrängnis gerät (beispielsweise durch ein Terrorregime – wie etwa die Afghanen durch die Taliban), besteht dann nicht für die Völkergemeinschaft die gleiche Pflicht, einzugreifen? Es ist das gleiche moralische Prinzip, nur auf globaler Ebene.

Jeder würde um Hilfe flehen, wenn eine feindliche Nation oder die eigenen Landsleute sein Haus, seine Lieben und sein Leben bedrohten. Der Ruf nach internationalem, notfalls militärischem Beistand kommt schnell – auch von manchem, der sich bis dahin pazifistisch gab. Die logische Konsequenz ist, dass es für solche Fälle jemanden geben muss, der *bereit* dazu ist, einzugreifen, sein Leben zu riskieren und nötigenfalls andere zu töten.

Die meisten Afghanen wollen gewiss nicht, dass das Regime der Taliban zurückkehrt, denn deren menschenverachtende Ideologie haben sie lange genug ertragen. Deshalb glaube ich, dass das Engagement der Bundeswehr in Afghanistan prinzipiell gerechtfertigt ist. Leider gibt es in diesem Krieg jedoch entsetzliche Kollateralschäden, die allerdings von einer Seite durchaus erwünscht sind, nämlich von den Taliban: Die vermeintlichen Gotteskrieger tragen den Kampf *bewusst* in die Städte. Sie *wollen*, dass es zivile Opfer gibt, in der Hoffnung, das afghanische Volk auf diese Weise gegen die internationalen Truppen aufzubringen. Das ist wichtig zu wissen, um zu begreifen, wie groß das Ausmaß der moralischen Unterentwicklung dieses Gegners ist.

All diese Fakten kennen auch die Vertreter der LINKEN. Aber sie ignorieren sie, weil es für sie erfolgversprechender ist, pauschal dagegen zu sein. Das Motiv für die Antikriegshaltung der LINKEN ist nicht etwa Pazifismus, sondern kleinbürgerlicher Populismus, nach dem Motto: *Was geht´s uns an.* Eine clevere Strategie: So gewinnt man sowohl diejenigen, die wirklich glauben, Pazifisten zu sein, als auch diejenigen, die zu bequem sind, um über den Sinn militärischer Interventionen nachzudenken.

* * *

Peter Strucks Behauptung, dass die Freiheit Deutschlands am Hindukusch verteidigt würde, hat im Zusammenhang mit dem Bundeswehreinsatz in Afghanistan traurige Berühmtheit erlangt. Sein Ziel war es, den Sinn dieses Engagements mit Hilfe einer griffigen Parole zu erklären. Das Dumme ist jedoch: derart verkürzt bleibt von der komplexen Wahrheit nicht viel übrig. Es handelt sich insofern um eine Art Kommunikations-Kollateralschaden: Eine brachiale Erklärungsoffensive, die das Unverständnis leider eher befördert hat.

Dabei lag Struck keineswegs vollkommen falsch: Selbst wenn der Einsatz der Bundeswehr und ihrer alliierten Truppen keinen nachhaltigen Frieden nach Afghanistan bringen sollte, so geht es dabei doch auch um eine Geste, um ein klares Statement: Die Gemeinschaft der demokratischen Völker duldet keine Barbarei und keinen Rückfall in eine fanatisch-religiöse Steinzeit. Und das ist auch für Deutschland wichtig, für unser Selbstverständnis als freiheitliche Nation, die zeigen muss, dass sie nicht nur an ihren *eigenen* Vorteil denkt. Nur wenn wir bezüglich unserer Forderungen nach Einhaltung der Menschenrechte glaubwürdig sind können wir längerfristig auf eine Steigerung des humanitären Niveaus in nichtdemokratischen Ländern hoffen. Das wiederum würde zu mehr globaler Stabilität führen – wovon wir sehr wohl auch in Deutschland profitierten. Und insofern hatte Struck Recht.

Leider sind all diese Zusammenhänge jedoch kompliziert und in einem einzigen Satz sicher nicht vermittelbar. Man muss dem Bürger stattdessen immer wieder erklären, warum das Engagement in Afghanistan sinnvoll ist, und zwar mit einem unmissverständlichen Vokabular: Weshalb sollten wir *nicht* von „Krieg" sprechen, von „Kampfeinsatz", oder von „gefallenen Soldaten"? Verbale Verschleierungen vergrößern doch nur das Misstrauen der Bevölkerung und dementsprechend auch die grundlegende Skepsis gegenüber militärischen Aktionen.

Im Zusammenhang mit Bundeswehreinsätzen lautet die Forderung an die Politik also umso mehr, einen tabufreien Diskurs zu befördern.

* * *

Die Misserfolge der Vereinten Nationen nimmt mancher gerne zum Anlass, um diese Institution für nutzlos zu erklären. Man muss jedoch die Komplexität globaler Strukturen bedenken wenn man der UNO gerecht werden will: Im Jahr 2008 gehörten ihr 192 Nationen an. Die Regierungen der meisten Mitgliedsstaaten sind nicht demokratisch legitimiert und im Regelfall nicht an humanitären Zielen interessiert. Die demokratischen Vertreter müssen Rücksicht nehmen auf die ökonomischen und politischen Interessen ihrer Länder (weil der Wähler das verlangt) und ebenso auf die Interessen ihrer Verbündeten. Und das heißt: Auch bei den UN-Gesandten demokratischer Länder stehen die Menschenrechte nicht immer im Mittelpunkt. Unter diesen Umständen überhaupt eine gemeinsame Strategie zu entwickeln scheint kaum möglich. Dazu kommt, dass in manchen Fällen die Hilfe der UNO trotz humanitärer Notlage nicht erwünscht ist – wie beispielsweise 1993 beim Bürgerkrieg in Somalia: UN-Soldaten sollten die Versorgung der notleidenden Bevölkerung sicher stellen – und wurden schließlich von Einheimischen ermordet.

Was soll die Völkergemeinschaft in solchen Fällen tun? Die Menschen sich selbst überlassen und dem Grauen tatenlos zuschauen – wie kurz danach beim Völkermord 1994 in Ruanda? Oder gegen den Willen der Betroffenen eingreifen und gegebenenfalls neuen, ungerechten Hass erzeugen? Oder soll man diese Länder denen überlassen, die sie entweder ausbeuten oder deren Not für politische Propaganda missbrauchen? Wer auf all diese Fragen überzeugende Antworten hat, der darf dann auch die Maßnahmen der UNO kritisieren.

Allein die Tatsache jedoch, dass es in der Gemeinschaft der demokratischen Staaten ein wachsendes Bewusstsein für die humanitären Probleme der Welt gibt, macht die UNO zu einer unersetzlichen Institution, die alle Unterstützung verdient (siehe **Wo bleibt der Clash?**).

Wider den Relativismus, oder: Am deutschen Wesen...

Immer wieder empören sich manche über die Arroganz des deutschen Gutmenschen, weil dieser glaube, er müsse sich in seinem penetranten Sendungsbewusstsein überall in der Welt einmischen. Wegen Auschwitz und so weiter sollten wir doch lieber die Klappe halten. Jedes Volk habe schließlich seine eigene Kultur und Tradition – deshalb müsse man den Ländern in Asien, Afrika oder sonst wo die Chance geben, ihren eigenen Weg zu finden, hin zu einem Hauch von Menschenrecht oder einem Quäntchen Demokratie.

Ich frage mich, ob diese Klugschwätzer ihre Forderung nach Zurückhaltung auch dann noch stellen würden, wenn sich die Opfer von Diskriminierung, Unterdrückung, und Folter *persönlich* an sie wendeten? Oder glauben diese Leute etwa, dass ein Chinese weniger Angst vor Repressalien hat? Trauert die chilenische Mutter weniger, wenn ihr Sohn ermordet wird? Empfindet ein Afrikaner weniger Schmerz unter der Folter? Oder hat der polnische Homosexuelle weniger Angst vor Diskriminierung? Natürlich nicht. Schmerz ist universell, und deshalb sind es auch die Menschenrechte (siehe **Ethisches Bewusstsein**). Deren allgemeine Einhaltung einzufordern – ohne Rücksicht auf nationale Befindlichkeiten – ist Pflicht eines jeden, der sie auch für sich selbst verlangt. Wenn Auschwitz in diesem Zusammenhang relevant ist, dann nur insofern, als dass uns unsere historische Verantwortung Einmischung im Interesse der bedrohten Menschen sogar gebietet.

Ich denke, dass im äußersten Fall auch eine militärische Intervention legitim sein kann, wenn es nämlich darum geht, größeres Unrecht zu verhindern – so wie es 1998 im Kosovo der Fall war (siehe **Bundeswehr im Ausland**). Auch wenn diese Einmischung womöglich völkerrechtswidrig gewesen sein mag, wie Helmut Schmidt bis heute behauptet. Demgemäß galt es also, das Völkerrecht – eine eher abstrakte Sache – abzuwägen gegen die Verhinderung eines weiteren Massenmordes. Die Rot-Grüne-Bunderegierung hat sich zusammen mit der NATO dafür entschieden, den bedrohten Menschen beizustehen. Und ich glaube, dass diese Entscheidung richtig war.

Früher, als ein Politgangster wie Franz Josef Strauß noch freundschaftliche Kontakte zu so manchem Diktator pflegte, haben wir uns Volksvertreter gewünscht, denen die Menschen im Rest der Welt nicht gleichgültig sind und die auch mal humanitäre über ökonomische Interessen stellen. Heute jedoch herrschen beinahe umgekehrte Vorzeichen: Für den Mut, den Dalai Lama einzuladen, musste Kanzlerin Merkel von vielen Seiten Kritik einstecken. Die diplomatischen Verwicklungen und die daraus resultierenden ökonomischen Nachteile wurden nicht nur von der Opposition, sondern auch vom (ehemals linken) Feuilleton wortreich bejammert. Dabei bedeutet Frau Merkels Verhalten in Wahrheit einen bemerkenswerten und äußerst erfreulichen Paradigmenwechsel.

Leider jedoch hat die Glaubwürdigkeit des Westens in Sachen Menschenrechte während der Präsidentschaft von George W. Bush schweren Schaden genommen. Es ist zu befürchten, dass die Folgen von Guantánamo und Abu Ghraib vielleicht erst in zehn oder fünfzehn Jahren wettgemacht werden können. Vor allem zeigen die Verfehlungen der Bush-Jahre, dass die Menschenrechte tatsächlich immer und überall bedroht sind – auch in der freien westlichen Welt. Diese Vorfälle sollten also kein Anlass sein, leisezutreten, sondern, im Gegenteil, um so lauter für Gerechtigkeit zu kämpfen.

Wenn es um den Schutz der Menschenrechte geht, ja, dann lass ich mich gerne der Arroganz bezichtigen. Es ist die Hoffnung der Geknechteten auf Beistand, die jede Einmischung rechtfertigt.

Folter in Deutschland

Eine der absurdesten Debatten, die es in der Bundesrepublik je gab, fand statt im Zusammenhang mit der Entführung und Ermordung des Bankierssohnes Jakob von Metzler. Weil die Polizei hoffte, den Jungen noch lebend zu finden, drohte sie dem beharrlich schweigenden Entführer Folter an. Konkret ging es um das Pressen der Ohrläppchen, was zwar äußerst schmerzhaft sein mag, aber keinen gesundheitlichen Schaden zur Folge hat.

Die eine Fraktion applaudierte und forderte, Folter in Einzelfällen per Gesetz zu erlauben. Die anderen sahen – wie immer in solchen Fällen – die Grundfesten der Verfassung wanken. Alles Unsinn. Folter per Gesetz? Wo soll das hinführen? Unmittelbar in die Barbarei. Aber Bestrafung für die Verantwortlichen? Das wäre unangemessen.

Ein Widerspruch? Im Prinzip ja. Leider jedoch gibt es in unserer Welt Situationen, die so weit entfernt sind von einem rechtschaffenen, einem juristisch reglementierbaren Alltag, dass man ihrer mit Gesetzen nicht Herr wird (siehe **Terrorprävention ums Verrecken**). Der Gedanke daran, eventuell das Recht beugen zu müssen, um einem viel größeren Unrecht zu begegnen, ist unbequem und unheimlich – und deshalb verdrängen ihn die meisten.

Der Gesetzesdschungel Deutschlands, der dazu dienen soll, für jedes denkbare (und undenkbare) Szenario möglichst den passenden Paragraphen parat zu haben, ist doch letztendlich niemals umfassend genug: Es wird immer wieder unvorhersehbare Situationen und infolgedessen juristische Grauzonen geben – genau deswegen ist das Bundesverfassungsgericht unentwegt mit Interpretationsfragen beschäftigt.

Folter muss verboten sein, keine Frage. Aber wer auch in diesem konkreten Fall Strafe fordert, stellt juristische Prinzipien über ethische. Und deshalb kann ich ihm seine Entrüstung nicht abnehmen.

3. Oktober – Helmut-Kohl-Gedenktag

Der 3. Oktober ist ein virtueller Feiertag. Es gab an diesem Datum keine glänzende Revolution, keine ruhmreiche Schlacht, ja noch nicht einmal eine respektable Niederlage. Ein Jubelfest aus der Retorte, zustande gekommen durch einen Mehrheitsbeschluss im deutschen Bundestag.

Wir alle wissen doch genau, was der größte Moment im Zusammenhang mit der deutschen Einheit war: nämlich der 9. November 1989, der Tag, an dem nach 28 Jahren der Teilung endlich die Mauer fiel. Die formale Vollendung der Einheit dagegen war doch bloß noch ein bürokratischer Akt, wie ihn zwei Dutzend Beamte im gehobenen Dienst nicht minder erfolgreich bewerkstelligt hätten. Aber – fragt da mancher – was war mit dem anfänglichen Widerstand der ehemaligen Alliierten gegen die Wiedervereinigung, den Helmut Kohl doch erst einmal brechen musste? Alles halb so dramatisch: George Bush war sowieso für die Einheit, Michail Gorbatschow bekam einen Scheck, und Francois Mitterand ließ sich beim Händchenhalten erweichen. Wie hätte Maggie Thatcher die Wiedervereinigung unter diesen Umständen noch verhindern sollen?

Dass der 9. November als Nationalfeiertag jedoch nicht in Frage kommt scheint auf den ersten Blick allzu einleuchtend, denn wie kein anderes Datum symbolisiert dieser Tag gleichermaßen Glanz und Elend, Glück und Grauen der deutschen Geschichte: Ausrufung der Republik 1918, Hitler-Putsch 1923, die „Reichskristallnacht" 1938. Und am Ende dieser seltsamen Serie: der Triumph des Volkes über die Diktatur des DDR-Regimes – die einzige erfolgreiche und obendrein gewaltfreie Revolution auf deutschem Boden.

Es wäre eine mutige Geste gewesen, den 9. November als Tag der Deutschen Einheit zu feiern – nicht nur im wörtlichen sondern vielmehr auch im ideellen Sinne: als einen Moment der

Freude darüber, dass nach all den selbstverschuldeten Dramen der Vergangenheit am Ende Freiheit und Demokratie obsiegten. Ein Feiertag zum Jubeln und Gedenken gleichermaßen. Ich bin mir sicher, dass man das im Ausland, auch in Israel, verstanden hätte.

Aber die Maueröffnung war nun mal so gar nicht Helmut Kohls Verdienst. Und deshalb feiern wir am 3. Oktober.

Die Mauer ist weg!

Kaum ein anderes Ereignis der Geschichte ist in der Gegenwart immer noch so präsent wie der Fall der Berliner Mauer. Die Kosten für die Deutsche Einheit, die dank des Solidaritätszuschlags für jeden Steuerzahler greifbar sind, sowie die Probleme beim Zusammenwachsen von Ost und West sind aus dem gesellschaftlichen Diskurs bis heute nicht wegzudenken. Außerdem hat das Ende der Blöcke, für das der Mauerfall symbolisch steht, zu einer immer noch andauernden weltanschaulichen Neuorientierung geführt (siehe **Das postideologische Zeitalter – eine große Chance**).

Wenn es um die angeblichen Vorbehalte der Bürger aus Ost- und Westdeutschland geht dann heißt es immer wieder, der Wessi sei ein Klugscheißer, und der Ossi könne vor allem jammern. Gut, letzteres ist sicher richtig. Gäbe es jedoch einen Wettbewerb des Wehklagens, dann würde der Wessi den Ossi ziemlich sicher schlagen. Dagegen bekrittelt manch abgeklärter Wessi gerne die unreflektierte „Ostalgie" seiner neuen Mitbürger. Wenn jemand auf einer Party jedoch die PUHDYS auflegt dann grölt inzwischen auch der Alt-Bundesbürger mit – obwohl er doch eigentlich unter Protest den Saal verlassen müsste.

Ich denke, was so oft als Ostalgie diskreditiert wird, ist nichts anderes als ein selbstbewusstes Erinnern an das, was die Menschen an privater Lebensqualität in *Zeiten* der DDR erfahren haben, und ganz gewiss keine grundlegende Verklärung der DDR an sich. Warum sollte sich jemand, der Spaß am Leben hatte, der getanzt und geliebt hat, *nicht* freudig an früher erinnern – nur weil die damalige Regierung kriminell war? Da die Menschen in Westdeutschland inzwischen einiges über den Alltag in der DDR gelernt haben (andersherum wusste man ja schon vorher bescheid) betreiben Wessi und Ossi mittlerweile gemeinsam Nostalgie. Egal ob Rotkäppchen, Wartburg oder KARAT: Das alles ist längst *gesamtdeutsche* Geschichte.

Nach diversen Begegnungen mit Menschen aus den Neuen Bundesländern muss ich feststellen, dass es die immer wieder kolportierte Missgunst gegenüber dem jeweils anderen nicht mehr gibt. Die Mauer, auch die in den Köpfen, ist längst weg. Unmutsbekundungen beschränken sich heute auf liebevolle Frotzeleien und freundschaftliches Triezen. Wessi gegen Ossi, das ist beinah so wie Bazi gegen Fischkopp.

* * *

Dass viele Menschen in den Neuen Ländern frustriert sind, ist dank der hohen Arbeitslosigkeit nachvollziehbar, und auch, dass sie der Demokratie ein wenig skeptisch gegenüber stehen. Schließlich war ihre erste Begegnung mit dem westdeutschen System von einer Lüge geprägt, nämlich dem Märchen von den blühenden Landschaften. Natürlich war die Volkswirtschaft der DDR in einem kapitalistischen Umfeld nicht überlebensfähig. Um das zu prognostizieren musste man nicht Ökonom sein – aber unbedingt bei klarem Verstand. Helmut Kohl jedoch war so elektrisiert von der Idee, Kanzler der Einheit zu werden, dass er dieses gewaltige Problem im Rausch übersah. Es ärgert mich, wenn heute selbst Kohls frühere Gegner so tun, als wäre ihre Skepsis vom einst ein einziger Irrtum gewesen.

Sterbehilfe

Wer gegen Sterbehilfe ist dem fehlt es vermutlich nur an Fantasie, denn das Ausmaß des Grauens, welches manche Krankheit mit sich bringt, kann sich ein Gesunder kaum vorstellen. Das ist nur menschlich und im Prinzip in Ordnung – solange man sich in seiner Unwissenheit nicht zum Hüter der Moral aufschwingt. Wenn ein kranker Mensch keinerlei Perspektive auf Besserung hat, seinem eigenen Verfall tatenlos zuschauen muss, vollkommen entautonomisiert ist und / oder ständig unerträgliche Schmerzen hat, dann steht es ihm zu, sterben zu wollen. Einem nur noch von Leid geprägten Menschen seinen sehnlichsten, ja seinen einzigen Wunsch zu verweigern, ist nicht ethisch, sondern grausam.

Und denjenigen, die wacker genug sind, diesem Menschen während seines letzten Weges beistehen zu wollen, sollte in Zukunft keinesfalls Strafe drohen.

Stammzellenforschung und Präimplantationsdiagnostik

Je komplexer ein Thema desto eher ist die Debatte darum von Vorbehalten geprägt. So war es auch im Zusammenhang mit der Stammzellenforschung: Quasi niemand weiß genau, was dort wirklich geschieht – und so bekommen die Vorstellungen davon rasch eine Frankensteinsche Dimension, beinahe so, als ob fiese Forscher barbarische Experimente mit süßen kleinen Babys anstellten. Ich glaube, dass es dieses Nichtwissen ist, was die meisten Gegner der Stammzellenforschung umtreibt. Und auch bei denen, die keine Horrorfantasien haben, scheint der medizinische und ökonomische Nutzen in einem allzu großen Widerspruch zu stehen zu der Frage, ob ein wissenschaftlicher Umgang mit Embryonen ethisch vertretbar sei.

In jedem Falle hat der leidenschaftliche und manchmal irrationale Streit um die Stammzellenforschung gezeigt, dass Fortschritt nicht einfach unreflektiert bejubelt, sondern hinsichtlich ethischer Gebote hinterfragt wird. Offenbar gibt es kaum jemanden, der Skrupellosigkeit propagiert. Eine begrenzte Freigabe der Stammzellenforschung würde dementsprechend ganz sicher nicht den von manchem kolportierten Zusammenbruch unseres Wertefundaments bedeuten.

Ein grundlegendes Verbot ist meines Erachtens aus mehreren Gründen unsinnig. Zum einen mutet es seltsam an, wenn im Zusammenhang mit der Stammzellenforschung die Moralkeule geschwungen wird, Anbetracht der Tatsache, dass Parlamentarier aller Parteien ganz selbstverständlich ein äußerst liberales Abtreibungsrecht akzeptieren (denn die Indikationsregelung ist doch nichts anderes als ein pseudomoralisches Feigenblatt). Die Wahrheit ist: eine befruchtete Eizelle, die sich bereits in der Gebärmutter eingenistet hat, führt ohne Schwangerschaftsabbruch unausweichlich zu einem lebensfähigen Menschen. Eine befruchtete Eizelle im Kühlschrank jedoch nicht.

Darüber hinaus halte ich es für vollkommen legitim, den ökonomischen Nutzen der Stammzellenforschung zu bedenken, denn schließlich lebt Deutschland von den Ideen aus Wissenschaft und Technik. Es wäre unsinnig, eine nicht grundlegend verwerfliche Geldquelle denen zu überlassen, die einfach nur weniger Skrupel haben.

Vor allem jedoch ist es für mich schwer nachvollziehbar, wenn die Interessen eines kranken *lebenden* Menschen, dem die Stammzellenforschung eventuell helfen könnte, mit denen einer befruchteten Eizelle aufgewogen werden – zugunsten der Letzteren. Da bekommen moralische Mahnungen schnell einen lebensfernen, beinahe zynischen Beigeschmack.

* * *

Auch die Argumente der Gegner der Präimplantationsdiagnostik sind eher von Ideologien geprägt und gehen an der Wirklichkeit vorbei. Man will erblich vorbelasteten Frauen die Untersuchung einer befruchteten Eizelle *vor* dem Einpflanzen in die Gebärmutter untersagen, erlaubt ihnen dann aber – nach Monaten des Hoffens und Bangens – einen Schwangerschaftsabbruch? Das ist ebenso unlogisch wie unethisch.

Die Furcht mancher, dass durch die P.I.D. die Zahl behinderter Menschen in Deutschland deutlich abnehmen könnte und diese somit noch mehr zu Außenseitern würden, ist zwar ehrenhaft, aber realitätsfern. Zum einen betrifft die P.I.D. sowieso nur einen Bruchteil aller Schwangerschaften, nämlich jene, die durch eine In-Vitro-Fertilisation zustande kommen. Zum anderen entstehen die allermeisten Behinderungen erst im Laufe des Lebens. Darüber hinaus könnten wohlhabende Paare bei einem Verbot der P.I.D. zu einer entsprechenden Untersuchung ins Ausland fahren (wo die P.I.D. mehrheitlich erlaubt ist), die weniger reichen dagegen müssten sich wieder einmal in ihr Schicksal fügen. Und schließlich dürfte sich manches Paar ohne P.I.D. *grundsätzlich* gegen eine Schwangerschaft entscheiden, wenn ihnen das Risiko, ein behindertes Kind zu bekommen, zu groß erscheint. Wie für die Kritik an der Stammzellenforschung gilt also auch für die Vorbehalte gegenüber der P.I.D., dass die prinzipiell nachvollziehbaren moralischen Mahnungen lebensfern sind. Ein Verbot würde in der Praxis nur bedeuten, dass Paare, die sich bisher vergeblich ein Kind wünschten, zusätzliche Qualen erleiden müssten (siehe **Die Welt braucht uns**).

Legalize it!?

Drogenhändler sind miese Menschen, denn sie verdienen ihr Geld mit der Sucht anderer – darüber sind wir uns wohl alle einig. Allerdings bringen Drogenhändler höchstens ihren Kunden den Tod – was jedoch gar nicht in ihrem Interesse ist, denn sonst verlieren sie sie ja. Waffenhändler dagegen geben ihren Kunden die Möglichkeit, völlig unbeteiligte Dritte zu töten. Logisch betrachtet ist also der Waffenhändler gegenüber dem Drogendealer der größere Schweinehund.

Während nun aber Drogenhändler wie der Dreck unterm Fingernagel behandelt werden gelten Waffenproduzenten im Allgemeinen als angesehene Bürger. Kein Staatschef, auch kein demokratischer, der sich nicht gerne mal mit führenden Herstellern trifft. Dieser Widerspruch ist einfach pervers.

´68 – Triumph oder Desaster?

Über die Auswirkungen der Studentenbewegung von 1968 wird bis heute leidenschaftlich diskutiert. Manche stellen in Frage, ob überhaupt irgendetwas von den einst so revolutionären Zielen erreicht wurde. Andere wiederum werden nicht müde, die Nachwehen dieser Epoche zu beklagen: Auch heute noch meint manch Würdenträger von Kirche und CDU und sogar ein paar frustrierte Alt-68er eine Art Konterrevolution propagieren zu müssen ob der ach so dekadenten Konsequenzen dieser Revolte. Aufregen muss man sich über solchen Unsinn nicht, beweist er doch nur, wie nachhaltig die Spuren der Studentenbewegung in der deutschen Gesellschaft sind.

Wenn über „die ´68er" gesprochen wird entsteht oftmals der Eindruck von einer homogenen Gruppe von Revolutionären. In Wahrheit jedoch waren diejenigen, die einen radikalen Umsturz wollten (also die Abschaffung von Demokratie und Marktwirtschaft) in der Minderheit. Im Mittelpunkt stand vielmehr die Forderung nach Toleranz gegenüber einem individuellen Lebensentwurf. Darüber hinaus fand zeitgleich die Emanzipationsbewegung der Frauen statt, die aber weitgehend getrennt von der durchaus chauvinistisch geprägten Studentenrevolte ablief.

Statt des bewaffneten Kampfes wählten die meisten Mitstreiter der Studentenbewegung lieber den sogenannten Marsch durch die Institutionen. Spätestens mit der Rot-Grünen Bundesregierung von 1998 waren die Protagonisten von ´68 nicht nur in der bürgerlichen Gesellschaft, sondern auch an deren exponiertesten Positionen angekommen. Und während mancher darin den Totalverlust der einstigen Ideale sah, bedeutete dieses meines Erachtens deren endgültigen Durchbruch – befreit allerdings von allem ideologischen Ballast.

Zu diesem Ballast gehört die Forderung nach Sozialismus oder gar Anarchie, antiautoritärer Erziehung, der Abschaffung von Privatbesitz oder gar Privatsphäre, dem Ende der traditionellen Familienstruktur etc. Nichts mehr mit *keine Macht für niemand*, *Ho Ho Ho Chi Minh*, und auch nichts mehr mit: *wer zweimal mit derselben pennt...* Am Anfang war dieser zur Schau gestellte Radikalismus jedoch sinnvoll: Um überhaupt Bewegung in ein erstarrtes System zu bringen sind manchmal Forderungen notwendig, die weit über ein vernünftiges Ziel hinaus gehen. Am Ende setzt sich – entschlackt vom Ideologischen und Irrationalen – das wirklich Wichtige durch.

Heute weiß beinahe jeder (außer Sahra Wagenknecht vielleicht), dass allzu radikale Konzepte praxisfern und antifreiheitlich sind. Warum also sollte man deren Verlust betrauern?

Das große Verdienst der ´68er ist es jedoch, dass wir heute in einer zutiefst freiheitlichen Gesellschaft leben, in der (zumindest nominell) alle Menschen die gleichen Rechte haben, in der Gewalt nicht mehr als vertretbares Mittel zur Durchsetzung von Zielen betrachtet wird – nicht in der Erziehung und nicht in der Politik, in der nicht herabgeschaut wird auf Menschen mit anderer Hautfarbe und Religion, in der Frauen all das tun dürfen, was Männer schon immer tun durften, in der individuelle Lebensentwürfe kaum noch belächelt werden, und in der Homosexuelle Bürgermeister einer Millionenstadt werden können. Die wichtigste Konsequenz aus der Revolte ist also die Emanzipation des Individuums. Für mich ganz klar ein Triumph (siehe **Ethisches Bewusstsein**).

＊＊＊

Allerdings hat das Dogma um die individuelle Freiheit auch einige ärgerliche Auswirkungen auf unser gesellschaftliches Zusammenleben. Ganz sicher ist die hedonistische Philosophie vieler ´68er eine der Ursachen für den Egoismus der heutigen Generation, für die Unfähigkeit mancher, die Interessen ihrer Mitmenschen zu berücksichtigen oder gar Verantwortung zu übernehmen. Das Ausleben der Freiheit (oder: der Individualismus) steht nun mal in einem gewissen Widerspruch zur Einordnung in ein soziales Gefüge.

Jedoch resultiert das Phänomen des zunehmenden Egoismus auch aus anderen gesellschaftlichen Veränderungen, wie z. B. dem Pillenknick und dem allgemeinen Wohlstand der Wirtschaftswunderzeit: Menschen, die in einigermaßen wohlhabenden Kleinfamilien aufwuchsen, wurden seit frühester Kindheit verwöhnt und waren es gewohnt, ihren Willen durchzusetzen. Es kann nicht verwundern, wenn die Kinder dieser Leute ihre Eltern noch einmal an Selbstsucht übertreffen (siehe **Freiheit** und **Die Kunst des Kompromisses**).

* * *

Ein aus heutiger Sicht eher komisches Resultat der Revolte war der Sektenwahn der siebziger Jahre. Die christliche Kirche vermittelte vielen jungen Menschen nur noch morbide Langeweile und stand außerdem für die überkommenen Werte der Elterngeneration. Wer aber trotzdem das Bedürfnis nach Spiritualität hatte fand bei charismatischen Gurus schnell eine neue religiöse Heimat. Dort hüllte man sich in rote Gewänder, sang und meditierte, machte sich frei von allem Irdischen – und stiftete seinen gesamten Besitz dem Erleuchteten. Man nannte sich, sagen wir mal, Manisha, obwohl man in Wahrheit doch Klaus-Dieter hieß. Dass in diesen Glaubenskommunen sowohl die geistige als auch die lebensweltliche Freiheit auf der Strecke blieb fiel den von so viel Weisheit Geblendeten oft erst nach vielen Jahren auf.

Letztendlich verhält sich die Bhagwan-Sekte zur spirituellen Neuorientierung wie die RAF zum politischen Kampf: sinn- und moralbefreiter Extremismus.

RAF

Machen wir uns nichts vor: Die RAF ist Pop. Coole Typen, die langweilige Bonzen umnieten. Besser als Bonny und Clyde und Robin Hood zusammen. Ein Leben als Desperado, ständig mit einem Fuß im Knast. Großes Entertainment.

Das ist der Grund, warum sich die Leute Jahrzehnte später immer noch so sehr dafür interessieren, und sicher nicht aus Mitleid für die Opfer. Die Entrüstung, mit der sich heute frühere Sympathisanten und sogar ehemalige Aktivisten zu profilieren versuchen, ist befremdlich. Das klingt alles sehr moralisch, aber nicht ganz so glaubwürdig.

Menschen umbringen darf man nicht, ja klar, das ist Konsens. Wenn ich aber die Taten der RAF bewerten soll muss ich fragen: Wie viel Empörung kann ich für jedes einzelne Verbrechen in dieser Welt aufbringen? Es gibt eine Inflation des Entsetzens: Seit 9/11 bewirken 150 zerfetzte Bombenopfer doch nur noch ein Schulterzucken. Dazu kommen Flugzeugabstürze, Erdbeben, Hungersnöte. Katastrophen am laufenden Band. Man kann es nicht mehr ertragen.

Was ich damit sagen will: Es gibt eine Hierarchie, eine Hitliste des Grauens. Mancher mag es zynisch nennen, ich finde, es ist nur ehrlich: Schleyer und Buback stehen bei mir nicht in den Top Ten.

* * *

Eine der Ursachen für den Gewaltexzess der RAF bestand darin, dass die Politik mehrheitlich nicht zum Dialog mit der aufbegehrenden Jugend bereit war. Stattdessen wurden junge Menschen, die eine grundlegende Veränderung der Gesellschaft forderten (oder diese Forderung durch ihr Erscheinungsbild implizierten) per se als *Krawallmacher und Bombenleger* diskreditiert. Unbelastet von Skrupeln und immer noch geprägt von der braunen Vergangenheit propagierten viele Bürger (inspiriert von der BILD-Zeitung) die Einweisung der *Aufrührer und Gammler* ins Konzentrationslager, und zwar lange bevor es tatsächlich zu den ersten Gewaltakten der RAF kam. In dieser Atmosphäre war für manchen der Weg in die Kriminalität vielleicht unausweichlich. Ich glaube dementsprechend, dass der Radikalisierung eine Stigmatisierung vorausging.

Aus heutiger Perspektive jedoch ist die Gewalteskalation der späten siebziger Jahre kaum noch nachvollziehbar, da die deutsche Gesellschaft der Gegenwart sehr viel konsensualer und freiheitlicher ist (siehe **Das postideologische Zeitalter – eine große Chance** und **`68 – Triumph oder Desaster?**). Insofern scheint es nur logisch, dass heute kaum noch jemand einen radikalen Umsturz bzw. eine neue Gesellschaftsordnung für notwendig erachtet.

Inzwischen flackert nur noch ganz selten jenes reaktionäre Bewusstsein auf, welches damals Ursache für den Zorn so vieler junger Menschen gewesen ist. Etwa als die CSU die Souveränität von Bundespräsident Horst Köhler in Frage stellte und ihn erpressen wollte, in dem sie drohte, ihn nicht wiederzuwählen, falls er Christian Klar begnadigte.

***

Bei aller zur Schau gestellten Aversion gegen die Bonzen scheint die breite Masse doch immer noch ein Herz für dieselben zu haben. Anders ist es nicht zu erklären, dass nach einer SPIEGEL-Statistik über 70% der Leute wollen, dass die RAF-Mörder bis zu Verrottung im Gefängnis bleiben.

Es gibt keinen Konflikt der Generationen

Eine unausrottbare soziologische These ist, dass Jugendliche geradezu zwangsläufig gegen ihre Eltern opponieren müssen. Aus der einschneidenden Erfahrung von ´68 erwächst in der Vorstellung der mittlerweile alt gewordenen (aber immer noch mächtigen) Protagonisten dieser Epoche die Idee, dass Renitenz – auch jenseits pubertärer Bockigkeit – einfach zu diesem Lebensabschnitt gehört, ebenso wie Pickel oder das Rauchen auf dem Schulklo. In Wahrheit jedoch entbrennen Generationskonflikte nicht aus Prinzip, sondern nur im Zusammenhang mit dramatischen gesellschaftlichen Veränderungen.

Als die im ersten Wohlstand des Wirtschaftswunders aufgewachsene Jugend die Freiheit entdeckte und begann, nach der Vergangenheit zu fragen, musste sie zwangsläufig mit ihren Eltern aneinander geraten. Die Erfahrungen aus dem Nationalsozialismus und der entbehrungsreichen Nachkriegszeit ließen keinen Verständnisspielraum für das kapriziös anmutende Gebaren der jungen Leute. Hier vollzog sich tatsächlich ein radikaler gesellschaftlicher Umbruch, der sich an den Generationen manifestierte.

Es gab jedoch vor ´68 keinen grundlegenden Generationenkonflikt, und danach erst recht nicht. Die Jugendlichen von heute haben nämlich die gleichen Lebensentwürfe wie dereinst ihre Eltern – und machen deshalb auch die gleichen Erfahrungen. Dazu gehören: emotionale Irrungen in der Pubertät, Leistungsdruck in der Schule (um den heute allerdings sehr viel mehr Bohei gemacht wird), berufliche Orientierung, aber auch Chaos in der WG, durchzechte Nächte, amouröse Abenteuer und möglicherweise Selbstfindung in Südostasien.

Wogegen soll also der Teenager von heute noch aufbegehren? Vielleicht gegen Neonazis und G8. Und deshalb gehen Kinder und Eltern heute auch gemeinsam zur Demo.

Langhaarige Spießbürger

Ein herrliches Beispiel für die geistige Erstarrung einer vermeintlich alternativen Szene lieferte der Umgang mit den Plänen zur Nutzung des alten Wasserturms im Hamburger Schanzenpark. Mit dem Einzug eines Mövenpick-Hotels wurde ein bis dahin marodes Baudenkmal einer sinnvollen Nutzung zugeführt. Dank der cleveren Idee, den Zugang zum Hotel von der Rückseite des Parks anzulegen, ging nicht ein Quadratmeter Grünfläche verloren. Nach wie vor also ausreichend Platz für die Anwohner der „Schanze", um mit ihren Hunden Gassi zu gehen und sich zum Kiffen darnieder zu legen. Trotzdem wird das Angebot zur friedlichen Koexistenz brüsk zurückgewiesen. Für sinnvolle Kompromisse ist man in diesem Milieu offenbar zu unbeweglich. Antikapitalismus als erstarrtes Bekenntnis auf Lebenszeit. Langhaarige Spießbürger.

Thirtysomething, fourtysomething…

Es war in den achtziger Jahren als in den Szeneblättern zum ersten Mal der Begriff vom „Twentysomething" auftauchte, als Bezeichnung für jemanden, der jenseits des Teenageralters nicht so recht erwachsen werden will. Zu jener Zeit dachte man noch, dass sich dieser Reifeprozess einfach nur um ein paar Jahre verlangsamen würde. Eine nachhaltige Veränderung der Gesellschaft befürchtete deswegen wohl niemand. Dass das ein Irrtum war, kann man unter anderem an der Frequenz der Furz-Witze erkennen, mit denen heute durchaus reife Comedians (jedenfalls was die Lebensjahre angeht) ihr Geld verdienen (siehe **Witzischkeit kennt keine Grenzen**).

Inzwischen sind nämlich aus den Twentysomethings Fourtysomethings geworden. Und meistens ist es ja auch irgendwie sympathisch, wenn sich Menschen ihre Jugendlichkeit, ihren Spieltrieb und infantilen Humor bewahrt haben. Manche weigern sich jedoch *prinzipiell* erwachsen zu werden, oder auch nur ein klein wenig Verantwortung zu übernehmen. Ein fester Job? Zu stressig. Vielleicht ein bisschen Kellnern, um das abendliche Pfeifchen zu finanzieren. Aber erst mal sehen, was an Sozialhilfe drin ist. Feste Beziehung? Kinder? Großer Gott, viel zu viel Verpflichtung. Kuscheln in der WG und ab und an ein Affärchen – das muss reichen.

Möglicherweise klingt das ein wenig intolerant. Und natürlich bin auch ich dafür, dass jeder so leben soll wie er mag. Es ärgert mich jedoch, wenn Leute so tun, als lebten sie außerhalb der Gesellschaft.

* * *

Ein bisschen Fourtysomething ist es aber auch, wenn man sonntagmorgens beim Brunch die Yuppies aus Eppendorf sieht: Die lichten Haare hip frisiert, das Iphone in der einen Hand, die sportive Kinderkarre in der anderen. Die Insignien der Jugendlichkeit zur Schau stellend – und doch im Grunde spießig bis ins Mark.

Land of the free, home of the brave

Zugegeben: Die Art und Weise, wie manche Menschen in Deutschland auf die USA schimpfen, mutet gelegentlich reflexartig an. Zweifellos ist Antiamerikanismus zu so einer Art Ersatzphilosophie geworden für all diejenigen, die für *Ho Ho Ho Chi Minh* und *make love not war* zu spät geboren wurden. Aber was bleibt dem *angry young man* von heute denn sonst noch übrig?

Wer wie Henryk M. Broder sein Leibchen gerne mit einem USA-Button schmückt – um sich damit mutig, wie er gewiss denkt, dem dumpfen Antiamerikanismus entgegenzuwerfen – beweist doch nur, dass es immer noch Menschen gibt, die trotz eines hohen Bildungsniveaus nicht einsehen, warum eine skeptische Haltung gegenüber amerikanischer Politik bequem zu rechtfertigen ist. Denn wenn die Vertreter einer Nation über Jahrzehnte den Eindruck vermitteln, als hielten sie nur ihre eigenen Interessen für relevant, dann sollten sie sich nicht wundern, wenn der Rest der Welt sie dafür verachtet. Schade ist, dass der Bombenterror der Islamisten viele vergessen lässt, dass die USA auch in zahlreichen anderen Ländern der Welt – vor allem in Mittel- und Südamerika – wenige Freunde haben. Warum? Weil sie dort Verbrecherregime unterstützten, solange diese antikommunistisch waren, andererseits aber sogar demokratisch legitimierte Regierungen stürzten, wenn diese Sozialismus propagierten oder einfach nicht mehr kuschen wollten. All diese Ereignisse sind reichlich dokumentiert und werden im Kern wohl von niemandem bestritten.

Aber warum ziehen aus diesen Ländern keine Terroristen gen USA in den Krieg? Weil der kulturelle Hintergrund der Nord-, Mittel- und Südamerikaner sehr ähnlich ist – wenn sie nicht gerade als Sklaven dorthin verschleppt wurden: Die meisten Bewohner des gesamten amerikanischen Kontinents haben europäische und somit christliche Wurzeln. Und weil die USA sehr reich sind träumen letztendlich Millionen Mittel- und Südamerikaner davon, selber dort zu leben (was manchem auch gelingt). Unter diesen Umständen wäre es einfach unlogisch, dort Bomben zu legen.

Anders ist es mit Menschen aus der islamischen Welt: Sie haben keinen Bezug zu europäischen und christlichen Traditionen. Viele Moslems sind zornig, ja hasserfüllt, weil sich die USA immer wieder in nationale Angelegenheiten islamischer Länder einmischten und weil sie im Palästina-Konflikt stets auf Seiten Israels standen. Diese historischen Vorzeichen im Zusammenwirken mit religiöser Radikalisierung sind die Ursache für die Konfrontation der Islamisten mit den USA und ihren Verbündeten.

Bisher waren amerikanische Regierungen selten gewillt eine selbstkritische Analyse ihrer Geschichte zu betreiben, vielmehr empfanden es die Amerikaner stets als Mutter allen Unrechts, wenn ihnen selber Böses wiederfuhr. Die Besetzung der amerikanischen Botschaft in Teheran 1979 beispielsweise wurde (zu recht) als völkerrechtswidriger Akt verurteilt – und war doch nur ein Kavaliersdelikt gegenüber dem ferngelenkten Staatsstreich, der dieser Episode vorausging – nämlich als die USA 1953 dabei halfen, eine gemäßigt islamische Regierung zugunsten des Schah, einem Diktator und Freund Amerikas, zu stürzen (siehe **Wo bleibt der Clash**).

Auch nach dem 11. September 2001 stellten in den USA wenige die Frage, wie es zu so viel Hass kommen konnte, stattdessen der beinahe einhellige Ruf nach Vergeltung. Das, was in Folge dieser Anschläge geschah, kann man nur als freiwillige Gleichschaltung bezeichnen: Politik, Showbusiness und Medien waren bereit, jede Eskapade der US-Regierung abzusegnen, und wer sich kritisch äußerte galt schnell als Vaterlandsverräter. Jahre später bekannte Dan Rather (der Uli Wickert des US-Fernsehens), dass er sich ohrfeigen könne für das patriotische Gedröhn, welches er in jenen Tagen veranstaltet habe. Rätselhaft: Wo hatte denn dieser durchaus reife Herr zwischenzeitlich seinen Verstand?

Gleich zu Beginn seiner Amtszeit machte Barack Obama klar, dass er für ein neues, ein bescheideneres Selbstverständnis der USA steht, was in großen Teilen der Welt mit Erleichterung, ja mit Begeisterung aufgenommen wurde. Viele Amerikaner dagegen halten ihn jedoch gerade deshalb für einen Vaterlandsverräter. Und so wird wohl auch dieses Mal das Pendel in absehbarer Zeit zurückschlagen. Denn nach Kennedy (und Johnson) kam Nixon, nach Carter kam Reagan, und nach Clinton kam George W. Bush...

* * *

Wir Europäer fragen uns, warum die Amerikaner so fanatisch an ihren Schießeisen hängen und warum sie die Todesstrafe immer noch für ein probates Mittel der Rechtsprechung erachten. Die tiefe Skepsis gegenüber der Sozialhilfe ist für uns ein weiteres, typisch amerikanisches Mysterium.

All diese uns seltsam anmutenden Standpunkte haben ihren Ursprung in der amerikanischen Geschichte, vulgo: im Wilden Westen. In einer Zeit, in der die Siedler immer weiter ins Land vordrangen, gab es dort noch kein funktionierendes Rechtssystem, und so musste man notfalls selber – mit der Waffe in der Hand – für Recht sorgen (oder was man dafür hielt). Als dann schließlich die Staatsmacht auch in der Provinz griff musste sie ihre Autorität mit drastischen Urteilen beweisen – und so war man mit dem Galgen flink.

Diese Zeiten liegen allerdings lange zurück, und inzwischen gibt es *überall* in den USA Polizisten, Richter, Gefängnisse – und insofern keinen Grund mehr, der diffusen Bedrohung mittels hauseigener Artillerie zu begegnen oder staatlicherseits als Rächer ohne Gnade aufzutreten. Dummerweise sind Traditionen jedoch nur schwer auszurotten – erst recht, wenn man sonst keine hat.

Das gleiche Phänomen beim Thema Sozialhilfe: Die Trapper und Siedler mussten es doch in der Wildnis auch alleine schaffen! Es gab dort niemanden, der ihnen aus der Patsche half. Vom Tellerwäscher zum Millionär? Nach amerikanischer Logik einzig und allein dem eigenen Fleiß zu verdanken. Ergo: Wer in der Gosse landet hat selber Schuld.

Dazu kommt, dass in Amerika die Angst vor dem Einfluss der Regierung seit je her groß ist. Die

Einmischung Washingtons in private Belange steht anscheinend in einem grundsätzlichen Widerspruch zum amerikanischen Freiheitsbegriff. Auf diese Weise ist die ebenso aggressive wie irrationale Ablehnung der von Obama eingeführten allgemeinen Krankenversicherung zumindest erklärlich.

* * *

Die Chuzpe, mit der Neokonservative und christliche Fundamentalisten in den USA auftreten, ist beängstigend. Sie glauben fest daran, dass Amerika *God´s own country* sei. Diese Menschen bekämpfen aggressiv die Abtreibung – ein zerfetztes Irakisches Baby macht ihnen jedoch das Leben nicht schwer. Sie hassen den Liberalismus. Sie hassen jeden, der nicht weiß, wohlhabend, christlich und ultrakonservativ ist. Und erst recht hassen sie Schwule und Lesben – all diese verirrten Sünder! In diesem Zusammenhang ist es einfach nur komisch, dass die Tochter Dick Cheneys, einem der Scheußlichsten aus dieser Bande, lesbisch ist.

Wären da nur ein paar Millionen Hinterwäldler gäbe es vermutlich keinen Grund zur Sorge, denn die Unbelehrbaren werden niemals aussterben. In Amerika jedoch scheint Unwissenheit viel weiter verbreitet zu sein als in Europa, und genau dieses Unwissen ist der Nährboden für die Lügen und die Propaganda der Ultrarechten. In ihren Thinktanks und mit Hilfe ihrer Vermögen arbeiten sie an der Revolution des Reaktionären. Auch wenn Panikmache töricht sein mag, aber die Vorstellung, dass es den Republikanern gelingen könnte, wieder einen rechten Ignoranten wie George W. Bush ins Weiße Haus zu schicken, macht mir Angst.

Putins Russland

Während des Kalten Krieges warfen die Verfechter der Deutsch-Amerikanischen Freundschaft den Linken oft vor, auf einem (nämlich dem linken) Auge blind zu sein. Und manchmal hatten sie damit sogar recht, denn während die Außenpolitik Washingtons jahrzehntelang im Kreuzfeuer der Kritik stand konnte Moskau – ob zu Sowjetzeiten oder heute – tun und lassen was es wollte: egal ob Krieg in Afghanistan oder Tschetschenien, niemand krawallte vor den russischen Botschaften, wie man es doch so gerne vor den amerikanischen tat.

Die besonders kritische Haltung gegenüber den USA war damals allerdings berechtigt, denn wer die gegnerische Weltmacht als „Reich des Bösen" bezeichnet muss beweisen, dass er tatsächlich der Bessere ist – was den USA oft genug nicht gelang (siehe **Land of the free, home of the brave** und **Wo bleibt der Clash?**). Wie groß im Vergleich dazu allerdings die Verbrechen in der Sowjetunion gewesen sind blieb uns dank des Eisernen Vorhangs weitgehend verborgen –

und mancher wollte es vielleicht auch gar nicht so genau wissen. Heute, da sich Russland demokratisch gibt, muss sich auch die Regierung in Moskau an ihren Ambitionen messen lassen. Und die offensichtliche Diskrepanz zwischen propagierter Freiheit und diktatorischer Realität verdient lautstarken Protest.

Wenn nur ein Bruchteil dessen wahr ist, was zahllose Journalisten über Wladimir Putin berichteten, dann sollte man ihn für den Rest seiner Tage einkerkern. Er hat offenbar unzählige Menschen auf dem Gewissen: Oppositionspolitiker und kritische Journalisten, Zivilisten, die bei brutal beendeten Geiseldramen getötet wurden, aber vor allem Tschetschenen, die abtrünnig wurden und an denen er ein Exempel statuieren wollte (denn ein bisschen Weltreich muss schon noch bleiben). Ich glaube, dass er ein lupenreiner *Diktator* ist, der vermutlich plant, Nachfolger seines Nachfolgers zu werden – eine kleine Gesetzesänderung macht diesen dubiosen Schachzug möglich. Dass Kanzler Gerhard Schröder Putin derart in den Hintern kroch ist eine der größten Ärgernisse in der jüngeren deutschen Geschichte.

Offenbar jedoch lieben viele Russen Putin, vermutlich weil er ihnen das Gefühl gibt, immer noch Teil eines mächtigen Reiches zu sein. Dementsprechend interpretieren sie die internationale Kritik an ihm als latente Rußlandfeindlichkeit. Sie stören sich nicht daran, dass die Presse weitgehend gleichgeschaltet ist, und auch nicht an barbarische Kollateralschäden – wie etwa den erwähnten Opfern bei der Erstürmung eines Musical-Theaters in Moskau. Und sogar Oligarchen müssen inzwischen um ihr Leben oder ihre Freiheit fürchten, wenn sie nicht kuschen – wie der Fall Michail Chodorkowski beweist.

Hier zeigt sich auf beklemmende Weise das mentale Erbe aus 70 Jahren Kommunismus und (noch länger) Totalitarismus: Es herrscht ein mangelhaftes Verständnis von Freiheit und Demokratie. Und man huldigt einer anachronistischen Vision von Russland als Weltmacht, die meilenweit entfernt ist von jener Art Bündnis souveräner Staaten, wie es in Europa ansonsten die Norm ist.

Natürlich wurden im Umgang mit Russland auch Fehler gemacht: Vielleicht war es nicht klug, die Baltenrepubliken in die NATO aufzunehmen, denn dieses bedeutete eine Demütigung Russlands – zumal die NATO als ehemaliges Gegengewicht zum Warschauer Pakt im Prinzip überflüssig geworden ist. Allerdings kam die Aufnahme dieser Länder zustande durch die souveräne Entscheidung ihrer jeweiligen Regierungen, und diese hat man in Moskau in jedem Falle zu respektieren.

Vermutlich werden sich aber auch die Menschen in Russland früher oder später an den Gedanken gewöhnen, dass die Zeiten des Weltreiches ein für allemal vorbei sind. Und eines Tages werden sie auch erkennen, dass das gut so ist.

* * *

Natürlich gibt es auch in Russland eine Opposition, Leute, die wissen, dass Putin ein Verbrecher ist. So wie beispielsweise Ex-Schachweltmeister Gari Kasparov: Allen Repressalien zum Trotz kämpft er gegen die Unterdrückung der Meinungsfreiheit. Ich hoffe sehr, wir hören nicht allzu bald von seinem mysteriösen Unfalltod.

Medien

Zwischen dem Ereignis und dem Bürger stehen die Medien als unverzichtbare Vermittler von Informationen. Sie sind deshalb eine der tragenden Säulen einer demokratischen Gesellschaft, im Prinzip die vierte Macht im Staat. Fehlende Sorgfalt oder gar bewusste Manipulation in der Berichterstattung sind jedoch leider immer wieder Indizien dafür, dass sich mancher Medienmacher seiner Verantwortung gegenüber der Wahrheit nicht bewusst ist.

Wer sich je in der Zeitung, in Funk und Fernsehen wiederfand erkennt sich oft kaum wieder: Schon die korrekte Übertragung des Namens bedeutet für manchen Redakteur anscheinend eine Überforderung, dazu kommen inhaltliche Fehler, die manchmal mit fehlender Aufmerksamkeit, manchmal aber auch nur noch mit zu viel Phantasie zu erklären sind. Fast könnte man vermuten, der Mangel an Präzision hat System, weiß man in der Redaktion doch, dass der Leser/Zuhörer/Zuschauer die Informationen im Regelfall nicht überprüfen kann.

Rechnet man solche unangenehmen Erfahrungen hoch auf das gesamte Nachrichtenwesen dann stellt sich bezüglich einer jeden Meldung die Frage, was davon wahr ist, was ungenau, und was schlicht gelogen. Im Zusammenhang mit der allgemeinen Berichterstattung gilt also in besonderem Maße, skeptisch zu sein und Informationen immer wieder mit anderen Quellen abzugleichen.

* * *

Zum Meinungs-Mainstream der Gegenwart gehört die Behauptung, dass Fernsehen grundsätzlich die Verblödung befördere: *Im TV gibt es nur noch Schund* – so der Tenor. Die Wahrheit ist jedoch: Wer klug genug ist, um eine sorgfältige Auswahl zu treffen, der ist mittels Fernsehen stets gut über das Weltgeschehen informiert und kann sogar eine Menge lernen.

Wer behauptet, dass das allgemeine Niveau der öffentlich-rechtlichen Sender nicht höher sei als das der Privaten, hat nicht richtig hingesehen. Natürlich produzieren auch ARD und ZDF allzu seichte Sendungen, aber als Anbieter eines Vollprogramms sind solche Inhalte legitim, denn Unterhaltung ist das gute Recht (und offenbar das Interesse) des Zuschauers (und Gebührenzahlers). Ich frage mich deshalb, welchen Sinn es hat, sich immer wieder über denselben Schrott aufzuregen? Viel gesünder ist es, diese seltsamen Parallelwelten einfach auszublenden. Und das geht per Fernbedienung doch ganz einfach!

Im Gegensatz zu ARD und ZDF bieten die privaten Fernsehprogramme kaum seriöse Nachrichtensendungen und schon gar keine ernst zu nehmenden Politmagazine. Der „Tagesschau" und „Heute" haben RTL, SAT1, PRO7, KABEL1 und VOX nicht viel entgegenzusetzen. Und die wenigen journalistischen Formate der Privaten bedienen vor allem den Voyeurismus – und fördern ihn auf diese Weise. Komplexe Themen aus Gesellschaft und internationaler Politik werden dagegen ausgeblendet – zugunsten der neuesten Klatschmeldungen von Heidi, Boris und Verona. Ganz anders sieht es natürlich aus, wenn ein paar exklusive Bilder von Bombenopfern zur Verfügung stehen, z. B. aus dem Gaza-Streifen. So wird dann selbst der Palästina-Konflikt zum Reality-Entertainment im Unterschichtenfernsehen.

Für all diejenigen, die den Nutzen der Öffentlich-Rechtlichen TV-Sender geringschätzen hier eine unvollständige Liste der Sendungen, die ARD, ZDF und Co. so wertvoll machen: Tagesschau, Tagesthemen, Heute, Heute-Journal, Monitor, Report, Panorama, Kontraste, Frontal21, ZDF Reporter, 37 Grad, Aspekte, Titel Thesen Temperamente, Auslandsjournal, Weltspiegel, Abenteuer Wissen, Abenteuer Forschung, Nano, Quarks und Co., etc. etc.

* * *

Für einen seriösen Umgang mit Informationen ist es notwendig, diese *wertfrei* zu vermitteln, damit der Nachrichtenkonsument die Chance hat, sich auf Basis der Fakten eine *eigene* Meinung zu bilden. Um bei jungen Menschen ein Bewusstsein für einen kritischen Umgang mit Massenmedien zu entwickeln sollte dieses Thema meines Erachtens im Gemeinschaftskundeunterricht behandelt werden. Im Rahmen der „Medienkunde" wäre es beispielsweise ein lohnendes Projekt, verschiedene Nachrichtensendungen zu vergleichen – wie etwa „Tagesthemen" und „RTL-Nachtjournal".

Als etwa das „RTL-Nachtjournal" über die militärischen Interventionen der USA in Afghanistan und dem Irak berichtete blendete der Sender stets den Slogan „Kampf gegen den Terror" ein. Auf diese Weise konnte bei unkritischen Zuschauern eventuell der Eindruck entstehen, als bestünde ein logischer, beinahe zwingender Zusammenhang zwischen den Anschlägen vom 11. September 2001 und den aktuellen Kriegshandlungen, was bezüglich des Irak-Feldzuges jedoch nicht der Fall gewesen ist – wie heute jeder weiß. Diese Art der Berichterstattung ist tendenziös und deshalb unseriös.

Manipulativ ist es auch schon, wenn nach der Ermordung eines Kindes – sagen wir, es handelt sich um einen siebenjährigen Jungen namens Kevin – in den Nachrichten vom *kleinen* Kevin die Rede ist, und nicht etwa vom *siebenjährigen* Kevin. Der Begriff „klein" hat für den Medienkonsumenten keinen informativen, sondern lediglich einen sentimentalisierenden Charakter. Dabei müsste die Information über den Mord an einem Kind doch wohl genügen, um beim Zuschauer/Zuhörer Betroffenheit auszulösen.

Bekloppte Boheme, Part 1 – oder: warum dieses Buch

Die Dummheit der breiten Masse ist niederschmetternd – darüber sind sich beinahe alle einig. Naturgemäß halten sich manche deshalb schon für klug, wenn ihr geistiges Potential gerade mal eine Handbreit über dem intellektuellen Bodensatz der Gesellschaft liegt. Und mein Eindruck ist, dass sich heute mehr Menschen denn je für etwas Besonderes halten, obwohl sie in der Regel kaum klüger, reflektierter oder gar empathischer sind als der Mob, auf den sie so gerne herabschauen. Die Grundlage für diese elitäre Haltung ist ein überdurchschnittliches Bildungsniveau (was heute nicht mehr viel heißt) sowie der damit zumeist einhergehende gehobene ökonomische Status. Bei prominenten Bildungsbürgern kommt als Quell der übersteigerten Selbsteinschätzung noch die Aufmerksamkeit der

Öffentlichkeit hinzu: Wer regelmäßig die Chance bekommt, sich in den Medien zu gesellschaftlichen Fragen zu äußern, *muss* ja eines Tages davon überzeugt sein, dass seine Stimme Gewicht hat.

Und mehr Diskurs war nie: Vor allem das Fernsehen ist inzwischen zu einem Debattierclub geworden. Dagegen ist im Prinzip nichts einzuwenden, denn immerhin wird heute kein Thema mehr totgeschwiegen. Gleichzeitig jedoch hat das Ende der traditionellen rechts-links-Blöcke zu einem weltanschaulichen Vakuum geführt (siehe **Das postideologische Zeitalter – eine große Chance**), in dessen Folge eine verzweifelte Suche nach neuen Lösungen für die gesellschaftlichen Probleme der Gegenwart begann. Groß ist heute dementsprechend der Bedarf an Analysten, Denkern und Stichwortgebern, die den Mitdiskutierenden (und erst recht dem staunenden Zuschauer) jenseits parteipolitischer Zwänge Wege aus der Sackgasse aufzeigen sollen.

Und hier beginnt das Problem, denn mein Eindruck ist, dass an wahrer Weisheit Mangel herrscht. Zwar verfügt mancher der Geladenen ganz sicher über hohe fachliche Kompetenz, über rhetorisches Geschick sowieso und manchmal sogar über das Wissen eines Universalgelehrten. Die Fähigkeit, Antworten zu geben, die für alle Beteiligten ein Aha-Erlebnis bedeuten und die gesellschaftliche Debatte voranbringen, haben jedoch nur wenige (und wieder einmal zeigt sich, dass Belesenheit alleine nicht viel nützt). Am Ende dienen die Auftritte vieler Talkgäste doch nur dazu, sich selber zu inszenieren und den eigenen Ruhm zu mehren.

Ich wünschte mir stattdessen Menschen, die immer schon einen Gedanken weiter sind – ohne spitzfindig zu sein. Menschen, die nicht um der Publicity willen Krawall schlagen oder sich mit extremen Positionen zu profilieren versuchen. Menschen, die uns mit lächerlichen Utopien ebenso wie mit paranoiden Horrorszenarien verschonen. Menschen, die die Sache wichtiger nehmen als sich selbst. Menschen, die notfalls auch gegen die Mehrheit Stellung beziehen – aber niemals nur deshalb, weil sie sich darin gefallen. Ich wünschte mir Menschen, die aufgrund ihrer visionären Kraft und moralischen Integrität Orientierung geben können bezüglich der Probleme und Fragen unserer Zeit. Menschen, deren Wesen und Worte wie weltanschauliche Leuchtfeuer sind. Wer – außer Helmut Schmidt und Richard von Weizsäcker – kommt da schon in Frage? Wenn ich mir die Gäste in den Talksendungen anschaue, dann muss ich feststellen: Wo auch immer geistige Elite stattfindet – in den TV-Schwatzbuden jedenfalls nur selten.

Gerade unter Deutschlands Journalisten und Publizisten – einige von ihnen Dauergäste bei Illner, Will und Co. – ist die Diskrepanz zwischen geistigem Potential (begrenzt) und Selbstbewusstsein (unbegrenzt) manchmal bemerkenswert. Dass sich Pressevertreter als unverzichtbare Vermittler von Informationen gelegentlich ein wenig überschätzen habe ich bereits beklagt (siehe **Medien**). Ein paar einfältige Schreiberlinge wären jedoch zu verkraften, bedenklich wird es erst, wenn so einer in der redaktionellen Hierarchie aufsteigt.

- So wie etwa Frank Schirrmacher, Mitherausgeber der FRANKFURTER ALLGEMEINE ZEITUNG. Seine peinliche Laudatio auf Tom Cruise bei der BAMBI-Verleihung 2007 liegt zwar schon lange zurück, und doch frage ich mich immer wieder, warum man sich bei einem Freak wie Herrn Cruise so einschleimen muss. Ein Ehren-Bambi für den Mut, Stauffenberg zu spielen. Bitte? Warum braucht es Mut, einen der wenigen sympathischen Protagonisten der Nazi-Ära darzustellen? Unverständlich. Aktuell stellt Schirrmacher seine Klugheit mit dem Buch *Payback* unter Beweis, in dem er vor einem New-Media-Overkill warnt, der eine allgemeine Verdummung zur Folge haben könnte. Interessant daran ist eigentlich nur, dass auch Schirrmachers Kollege und Ex-STERN-Chef Michael Jürgs (*Seichtgebiete*) den kollektiven Intellekt bedroht sieht, allerdings von einer ganz anderen Seite: nämlich durch den Proll-Humor eines Mario Barth. Der Subtext all dieser weisen Worte lautet: *Höret mir zu, denn wahrlich, ich sage euch, das Abendland geht vor die Hunde!* Anders formuliert: Es ist im Grunde immer dasselbe kulturpessimistische Gedröhn. Ich kann es nicht mehr ertragen (siehe **Die Lust an der Apokalypse**).

- Giovanni Di Lorenzo, Chefredakteur der ZEIT, dürfte den meisten Fernsehzuschauern besser bekannt sein als langjähriger Moderator der Talkshow „3 NACH 9". Kritische Fragen erwartet man von Di Lorenzo vergebens, stattdessen manchmal Rangeschmeiße bis zum Fremdschämen. Das Ganze ist so sehr Boulevard, dass man sich fragt: Wie kann ein so harmloser Geist Chef einer der wichtigsten Zeitungen Deutschlands sein?

- Die verbalakrobatischen Blogs und Artikel von Matthias Mattussek – bis zu seinem Rauswurf immerhin Kultur-Ressortleiter beim SPIEGEL – changieren im Allgemeinen zwischen aufgesetzter Hipness und krassem Konservativismus. Höhepunkt seiner bisherigen Karriere war die ARD-Serie „Mattusseks Reisen", mit der er den weltanschaulichen Zeitgeist in Deutschland ermitteln wollte. Im Rahmen dieser Recherchen durfte der Zuschauer dem Meister beim Autofahren zuschauen (mit Chauffeur, versteht sich), beim Treppensteigen, und, ja, sogar beim Schreiten. Die Ausführungen der Interviewpartner unterbrach er mit eloquenten Kommentaren, wie etwa: „Ach was", oder: „Ist das wahr", was wohl so viel heißen sollte wie: *Fass dich kurz, denn ich bin hier der Chef*. Und die vermittelten Inhalte? Mehrheitlich trivial. Nichts jedenfalls, was es rechtfertigen würde, diese Selbstdarstellung zu senden.

- Wer sich wie Hendryk M. Broder darin gefällt, reaktionäre Thesen zu verbreiten, zynische Späße zu machen und Andersdenkende zu beleidigen, ist meines Erachtens nicht ganz bei Trost – und hat es seinerseits verdient, diskreditiert zu werden (siehe **Wo bleibt der Clash?** und **Land of the free, home of the brave**). Bedauerlicher Weise ist Broder jedoch so selbstbewusst, dass er sich am Zorn der anderen förmlich ergötzt. Die einzige Möglichkeit, ihm weh zu tun wäre, seine polemischen Ergüsse nicht mehr zu veröffentlichen. Schade, dass man ihm immer wieder eine Plattform gibt.

- Und schließlich Peter Sloterdijk, Philosoph, Autor und Moderator des Philosophischen Quartetts. Sloterdijk ist ein Genie darin, Banalitäten umständlich (und unverständlich) zu formulieren. Es gelingt ihm, bei jeder sich bietenden Gelegenheit sein enzyklopädisches Wissen einzustreuen – auch wenn es inhaltlich ganz und gar irrelevant sein mag. Leider fällt es mir jedoch grundsätzlich schwer, einen Menschen ernst zu nehmen, der einstmals ein Anhänger Bhagwans gewesen ist (siehe **´68 – Triumph oder Desaster?**). Wer eine Vorstellung von wahrer Freiheit hat hätte sich auch als Jugendlicher niemals einem solchen Religions-Nazi unterworfen.

* * *

Wer im Umgang mit Medien vertraut ist weiß genau, was er tun muss, um beim Publikum eine bestimmte Wirkung zu erzielen. Ich glaube dementsprechend, dass viele Menschen ihre öffentliche Rolle bewusst kalkulieren, und zwar gemäß der Erwartungshaltung ihrer jeweiligen Zielgruppe. Wer das nicht glauben mag sollte einmal sorgfältig das Medienverhalten einiger Prominenter verschiedener Metiers vergleichen (z. B. Diktion, Kleidung und Sitzhaltung von Jürgen Vogel und Guido Westerwelle).

Wenn sich etwa der Philosoph Richard D. Precht stets mit halboffenem Hemd und keck gekreuzten Beinen auf dem Talkshow-Sofa lümmelt, dann frage ich mich: Weiß er nicht, dass diese Sitzhaltung ein bisschen arg lässig wirkt? Das wäre für einen Menschen seines Ranges naiv. Oder präsentiert er sich bewusst so, nämlich um zu beweisen, wie wenig er sich um Konventionen schert? Das wiederum wäre nach meinem Empfinden oberflächlich – und reine Effekthascherei. Der Zuspruch so manches unreflektierten Zuschauers dürfte Precht jedoch gerade dank seiner vermeintlichen Unangepasstheit sicher sein.

Mancher mag solche Überlegungen für spitzfindig erachten. Tatsache ist jedoch, dass es in der Art der Präsentation seiner selbst (und somit in der Außenwirkung) in jedem Falle einen Gestaltungsspielraum gibt. Wenn jemand den Anspruch hat, mit seinem Beitrag den gesellschaftlichen Diskurs voran zu bringen, dann sollte er auf Inszenierungen verzichten. Wer wirklich etwas zu sagen hat braucht nicht zu posieren.

Bild´ dir deine Meinung – aber nicht mit BILD

Um es polemisch zuzuspitzen: Ich persönlich finde Kai Diekmann zum Kotzen. Und das, obwohl er möglicherweise ein guter Papa ist, ein lieber Gatte, ein cooler Kumpel und sogar ein netter Vorgesetzter. Aber als Chefredakteur der BILD ist er *per se* – naja, ich sagte es.

Schlimm genug, dass die Wahrheit in der BILD manchmal bis zur Unkenntlichkeit reduziert wird, dass manche Geschichte am Reißbrett entsteht und dass den Leser neben dem Foto der Bombenopfer die Brüste vom BILD-Girl des Tages anlachen. Noch schlimmer ist es, dass Diekmann und Co. behaupten, dem Kunden nur zu geben, was er verlange, obwohl sie diesen Bedarf meines Erachtens erst wecken. Am ärgerlichsten ist jedoch das Selbstverständnis dieser Menschen: Sie tun so, als böten sie Aufklärung, dabei betreiben sie mit ihrem Krawall doch nur Verdummung.

Nebenbei schreibt Diekmann nun auch noch Bücher, mit Erörterungen zu allerhand gesellschaftlichen Fragen. Ich habe sie nicht gelesen, und sie interessieren mich auch nicht. Denn selbst wenn er gescheit genug sein sollte, der Wahrheit punktuell ins Gesicht zu blicken – das würde mich nur noch zorniger machen: Erst Propaganda betreiben, gegen Cash, und anschließend mit publizistischer Differenzierung glänzen, gegen noch mehr Cash? Wie ich schon sagte: Zum Kotzen.

Horrorfolklore mit Adolf und Eva

Was für die RAF gilt das gilt noch mehr für Auschwitz und den 2. Weltkrieg: Diese Themen bringen Quote. Keine noch so winzige Nische der braunen Epoche, die nicht medial ausgeschlachtet wird. Seit ein paar Jahren ist es außerdem üblich, Geschichte auf eine Weise aufzuarbeiten, die sie auch für die breite Masse nachvollziehbar macht – im Prinzip eine vernünftige Idee, denn schließlich trägt die breite Masse in der Demokratie eine große Verantwortung. Mancher Bericht gerät auf diese Weise allerdings allzu plakativ, allzu reißerisch. Ich nenne es die Knoppisierung der Geschichtsdarstellung.

Und so brachten ARD, ZDF und manchmal sogar RTL alles über „Hitlers Helfer", das Beste aus Goebbels Tagebüchern (denn die gab es wirklich), die Highlights aus Eva Brauns Privatfilmen (in strahlenden Farben), zahllose Episoden über die Vertreibung aus dem Osten („Der Untergang der Gustloff"), die X. Verfilmung vom Stauffenberg-Attentat, unzählige Berichte von Opfern und Tätern, von Mitläufern, Davongekommenen und den kleinen Helden des zivilen Ungehorsams. Und immer wieder schaurige Details aus den vielen Mordfabriken der Nazis. Und ich muss zugeben: Auch ich bleibe beim Zappen oft daran hängen.

Da ist zum einen diese fiese Lust am Schicksal der anderen, der nackte Voyeurismus. Und Zuhause, tja, da merkt es ja niemand, wenn man gafft. Aber vielleicht hat all das vermittelte Leid, dieses Horror-Entertainment auch einen pädagogischen Nutzen, nämlich dann, wenn es die Erkenntnis befördert, wie gut es uns heute trotz aller Sorgen geht, und wie kostbar Freiheit und Demokratie sind.

Ich sehe was was du nicht siehst

Prognostiziererei gehört zu den ebenso unausrottbaren wie fahrlässigen Leidenschaften sämtlicher Semi-Experten dieser Welt. *Ich sehe was was du nicht siehst und das ist* – vage. Wer wird schon maulen wenn sich die meisten Prophezeiungen einige Jahre später als eklatant falsch erweisen. Hier und heute kann man jedoch mit reißerischen Spekulationen manchen Blumentopf gewinnen, solange diese entweder absurd utopisch oder aber – noch besser – beklemmend pessimistisch ausfallen (siehe **Die Lust an der Apokalypse**).

Die Menge an Parametern, die gesellschaftliche Prozesse beeinflussen – wie beispielsweise die Entwicklung der Wirtschaftslage – ist unüberschaubar groß, und jeder einzelne dieser Parameter kann sich unvorhergesehen entwickeln. Es ist insofern überhaupt nicht verwunderlich, dass auch die Wirtschaftsweisen der Bundesregierung trotz unbestreitbarer fachlicher Kompetenz mit ihren Einschätzungen manchmal spektakulär daneben liegen. Prognosen, die sich gar über mehrere Jahrzehnte erstrecken, sind dementsprechend rein spekulativ – und deshalb unseriös. Wer sich allzu weit aus dem Fenster lehnt betreibt nicht Wissenschaft sondern Kaffeesatzleserei.

Wenn es um Weissagungen geht heißt es also umso mehr: Nur keine Panik – und immer schön skeptisch bleiben!

Am Ende waren´s Aliens

Manchmal ist die Wahrheit so banal, dass man sie einfach nicht akzeptieren möchte (siehe **Her mit der Schuld!**). Kann ein einzelnes, lächerlich kleines Ereignis eine weltbewegende Konsequenz haben? Lady Di z. B., die Königin der Herzen, zerschmettert am Tunnelpfeiler, bei einem schnöden Verkehrsunfall? Dahinter muss doch mehr stecken – denken viele, und glauben folgerichtig an einen Anschlag. Die Frage allerdings, wie ein gezielter Mord auf diesem Wege ablaufen sollte (also ein inszenierter Crash mitten in der City, und noch dazu *ohne* Unfallgegner) kann wahrscheinlich nicht mal Mohamed Al-Fayed beantworten. Und doch glaubt er daran.

Es gibt eine Menge weiterer historischer Ereignisse an denen die absurdesten Verschwörungstheorien hängen: Der Angriff auf Pearl Harbour – die US-Regierung soll schon vorher davon gewusst haben. AREA 51 – vor Jahrzehnten landeten dort Aliens, aber keiner will es zugeben. Und schließlich: die Mondlandung – angeblich nur im Studio inszeniert. Und so weiter und so fort. All diese wahnwitzigen Ideen sind jedoch nur deshalb so populär, weil deren Verfechter daran glauben *wollen*. Vernünftigen Analysen halten sie selten stand.

Die seit Jahren beliebteste Spielwiese für Paranoiker sind die Ereignisse um den 11. September 2001. Islamistische Terroristen lenken Flugzeuge ins World Trade Center – so die offizielle Version. Aber mit finsterer Fantasie lässt sich die grässliche Wahrheit lässig toppen: Es stecke vielmehr eine Verschwörung der CIA dahinter, zu dem Zweck, die Amerikaner für den Krieg gegen die *Achse des Bösen*, gegen die *Schurkenstaaten* einzustimmen.

Das WTC wurde gesprengt – behaupten viele, denn noch nie sei ein Hochhaus nur wegen eines Feuers eingestürzt. Doch, gemach: Hatten nicht zuvor Flugzeuge je eine der tragenden Außenseiten des WTC durchtrennt? Die anschließende Explosion des Kerosins vernichtete den Hitzeschild des umliegenden Stahlskeletts, sodass das Feuer schließlich die Statik ruinierte. Es waren also *mehrere* Ereignisse, die schließlich zum Einsturz des WTC führten. Eigentlich ganz logisch – wenn es nicht den eigenen Ideologien zuwiderliefe.

Darüber hinaus stellt sich die Frage: Wer hätte wann die nötigen Sprengsätze im WTC installieren sollen? Vielleicht schon während des Baus, wie manche behaupten, also über 30 Jahre vor dessen Zerstörung? Wie weitsichtig! Aber warum waren die Verschwörer dann so blöd, die entsprechende Gebäudeversicherung erst ein paar Wochen vor dem Einsturz abzuschließen? Und wie sollte man bei einer solchen Aktion alle Beteiligten zum Schweigen bringen? Außerdem: Wer hätte die kriminelle Energie, eine derart monströse Tat gegen die eigenen Landsleute auszuführen? Auf all diese Fragen haben die Anhänger dieser absurden Theorien keine einzige überzeugende Antwort.

* * *

Es gibt da jedoch ein historisches Ereignis, bei dem auch ich die offizielle Version nicht glauben mag: die Ermordung John F. Kennedys. Der bis heute gültige Abschlussbericht will der Welt weismachen, dass Lee Harvey Oswald Kennedy von hinten in die Stirn geschossen hat, nämlich mittels einer „magischen Kugel", die mehrfach die Richtung wechselte. Erstaunlich. Mehrere Zeugen meinten dagegen, sie hätten einen zweiten Schützen gesehen, der von *vorne* schoss – was die Sache erklären würde. Aber diese Aussagen wurden von der Warren-Kommission ignoriert.

An Spekulationen darüber, wer für den Mord in Wahrheit verantwortlich sei, will ich mich gar nicht beteiligen. Und ich glaube auch nicht, dass es eine großangelegte Verschwörung von Exil-Kubanern, CIA, Ultrarechten oder sonst wem gegeben hat (so wie dieser Spinner Oliver Stone). Aber dass der wahre Mörder vermutlich noch immer frei herumläuft – wenn er denn noch lebt – ist ebenso möglich wie ungeheuerlich.

Witzischkeit kennt keine Grenzen

Über beinahe alles darf heute gelacht werden – und das ist gut so. Denn was ist lustiger als Witze über Minderheiten, schon deshalb, weil sich die Verfechter des politisch Korrekten immer so drollig darüber entrüsten (ich würde ja auch gerne Witze über Behinderte erzählen, aber es gibt kaum welche. Wer einen kennt: bitte melden!). Humoristische Tabus dagegen haben etwas Verlogenes: Viele finden es vielleicht saukomisch, wollen es aber keinesfalls zugeben – denn es könnte der Reputation schaden. Ich aber bin nicht bereit, zum Lachen in den Keller zu gehen (was, nebenbei bemerkt, ohne Fahrstuhl eh nicht ginge).

Die Juden sind angeblich Weltmeister in Sachen Selbstironie, und man sagt, Stevie Wonder erzähle leidenschaftlich gerne Blindenwitze. Warum sollte ich mich dann dafür schämen, dass ich Juden- oder Blindenwitze komisch finde? Zum Erwachsensein gehört es, über sich selbst lachen zu können. Dann hält man es auch aus, wenn man außer dem Schaden mal den Spott hat. Dazu kommt, dass das Grauen der Welt manchmal nur noch mit bitterer Ironie zu ertragen ist. Sarkasmus hat viel zu tun mit enttäuschtem Idealismus.

Die Grenzen des Komischen liegen eindeutig dort, wo es einfach nichts mehr zu lachen *gibt*. Leider existiert inzwischen jedoch so eine Art Witzigkeitspostulat – eine humoristische Gleichschaltung, in dessen Folge erst einmal pauschal losgegackert wird, selbst dann, wenn da nichts ist, das auch nur entfernte Ähnlichkeit mit einer Pointe hat. Wenn erst einmal die Behauptung im Raum steht, dass etwas lustig sei, dann gibt´s für die Masse kein Halten.

Dank einer flächendeckenden Ironisierung, für die unter anderen auch ex-TV-Held Harald Schmidt verantwortlich ist, werden inzwischen sogar dumpfe Rätselsendungen á la 9LIVE als *irgendwie lustig* empfunden (um nur ein Beispiel zu nennen), obwohl die einfach nur bekloppt sind. Schmidt selber tritt schelmisch grinsend im „Traumschiff" auf und moderiert sogar – das Grauen hat einen Namen – die Bambi-Verleihung. Was mich brennend interessiert: Findet *er* das eigentlich noch witzig, oder ist er inzwischen so vergreist, dass ihm dieser spießige

Schrott womöglich wirklich gefällt? Alles bittere Ironie oder nur noch bitterer Ernst?

Als vor etwa 20 Jahren der Comedy-Boom begann da war vieles noch neu und angenehm frech. Manchmal sehr grell zwar, aber oft schon deshalb lustig, weil es den bis dahin immer noch etwas piefigen deutschen Fernseh-Humor revolutionierte. Und es gab damals eben auch noch ein paar echte Tabus, die es wert waren, gebrochen zu werden: Witze über Hitler z. B. – bis dahin ein No-Go. Heute dagegen fragt man sich, warum man über solch ein Arschloch *nicht* lachen sollte. Gut so.

Inzwischen klingt das Wort Comedy jedoch eher wie eine Drohung, denn es gibt eine solche Menge an Spaßmachern, dass einem derselbe schnell vergehen kann. Die Charaktere sind ausgereizt (Stichwort lustiger Asi) und die meisten Gags vorhersehbar – was die Akteure mit reichlich Grimassiererei zu kompensieren versuchen. Darüber hinaus scheint es für den Comedian von heute Pflicht zu sein, das Publikum mit einem Füllhorn an Obszönitäten zu beglücken. Grundsätzlich habe ich überhaupt nichts einzuwenden gegen ein paar (un-)anständige Zoten. Allerdings mutet der – Verzeihung – Blut-Scheiße-Sperma-Krawall, den einige Witzbolde abfeuern, schon ein wenig zwanghaft an. Wenn sich beispielsweise die Pointe allein auf ein F-Wort reduziert, dann *ist* das einfach *nicht witzig*. Vulgarismus als zentraler Programmpunkt? Für mich eine Provokation von gestern. Aber weil´s so schön war gleich nochmal: ... – und der Saal kocht. Denn auf den Mob ist Verlass.

* * *

Musikalisch hochbegabt aber selten wirklich komisch: Helge Schneider. Er betritt die Bühne – und schon biegen sich die Leute vor Lachen. Warum? Wo war der Witz, wo die Pointe? Ich habe keine Ahnung.

Eine öde Blaupause alles bisher Dagewesenen ist für mich Kurt Krömer, ein Mann, der die Witzlosigkeit zum humoristischen Prinzip erhebt. Dicke Brille, schriller Anzug, doofe Grimassen – alles das haben wir tausendmal gesehen. Und auch seine Gags kommen einem irgendwie bekannt vor. Und dann gab es da diesen desaströsen Auftritt bei „Wetten Dass": Ein Zuschauer hatte den armen Kerl mit einem einzigen Zwischenruf durcheinander gebracht. Danach ging bei Krömer gar nichts mehr. Selbst Gottschalk schüttelte den Kopf über so viel Inkompetenz.

Eine der größten Nonsens-Nieten ist für mich Johann König. Seine Markenzeichen: lahme Performance und selbstverliebte Attitüde. Er war ein paarmal „Überraschungsgast" in der WDR-Show „Zimmer Frei". Die eigentlichen Kandidaten – allesamt keine Humor-Profis – wirkten spontaner, witziger und vor allem viel sympathischer als er. Ich frage mich: Wie kommen solche Deppen ins Fernsehen?

Und schließlich: Oliver Pocher. Kein Zweifel, er ist vielfältig begabt, er ist spontan, er kann gut imitieren, und so weiter und so fort. Das Problem ist nur: Viele seiner Gags gehen auf Kosten anderer. Über seine Sprüche lachen heißt: Menschen auslachen. Deshalb verdient Pocher nicht Applaus, sondern Prügel.

Der kleine Unterschied

So banal eine Erkenntnis auf den ersten Blick sein mag gibt es doch immer wieder Menschen, die sie bezweifeln. Wie z. B. diese: *Frauen und Männer sind anders.* Gemach, schreit da bis heute manche Emanze und meint, dass geschlechtsspezifische Verhaltensmuster in Wahrheit doch nur anerzogen seien. Mädchen stehen auf Puppen und Jungs auf Autos? Oder: Frauen werden Erzieherin und Männer Klempner? Von wegen: Alles nur die Folge gesellschaftlicher Konditionierung. Nach jahrzehntelangen Beobachtungen und zahlreichen Datenerhebungen ist inzwischen allerdings auch wissenschaftlich bewiesen was die breite Masse schon immer wusste: Frauen und Männer sind *tatsächlich* anders.

Die Eigenschaften, die sich eindeutig als geschlechtsspezifisch ermitteln lassen, sind grundsätzlich zurückzuführen auf unsere Instinkte, die uns trotz aller Domestizierung immer noch im Griff haben. Da die Zivilisationsgeschichte im

Verhältnis zur Evolution gerade mal einem Wimpernschlag gleicht blieb für eine evolutionäre Anpassung unserer Gene an moderne Lebensumstände keine Zeit. Die Instinkte haben vor allem Einfluss auf unser Sozialverhalten in der Gruppe, die Brutpflege und die Partnerwahl. Sich dieser animalischen Seite bewusst zu werden mag einerseits erschreckend sein, kann uns andererseits aber vor der absurden Idee von der absoluten Überlegenheit des Menschen innerhalb der Schöpfung – kreationistisch formuliert – bewahren (siehe **Liebe ist die Antwort – aber was war eigentlich die Frage?** und **Gott – der Seele Krückstock**).

- Typisch männlich und in der heutigen Zeit *die* große Schwäche des Mannes ist seine Neigung zur Aggression. Ohne diese gäbe es vielleicht niemals Krieg und kaum Gewaltverbrechen. In der Zeit vor der Sesshaftwerdung war Aggression jedoch notwendig um sich überhaupt auf die Jagd nach gefährlichen Beutetieren einzulassen: Je aggressiver ein Mann, desto größer seine Überlebenschance im Dschungel, der Sanftmütige dagegen war schnell des Todes. Auf diese Weise hat sich die männliche Neigung zur Gewalt evolutionär durchgesetzt. In einem mehr oder weniger pazifistischen Umfeld – wie im heutigen Europa – ist Aggression jedoch nur noch eine gefährliche Altlast (siehe **Ethisches Bewusstsein**).

- Dass Männer weniger emotional seien als Frauen ist nicht wahr, und es ist sogar falsch, wenn manche immer noch behaupten, dass Männer ungern über ihre Gefühle redeten. Diese Vorstellung erwächst aus einem traditionellen, überkommenen Männerbild, nach dem der Mann unbedingt hart gegen sich selbst und gegen andere zu sein hatte. Inzwischen ist jedoch die Generation derer, die diese reaktionäre Auffassung vertraten (oder selber darunter zu leiden hatten) weitgehend ausgestorben.

Bezüglich des Umgangs mit Emotionen waren Frauen in früheren Zeiten meines Erachtens sogar privilegiert (entgegen der Idee von ihrer totalen Unterdrückung), denn ihnen war schon immer erlaubt, was Männern stets verboten war: nämlich Gefühle zu zeigen.

- Soziale Kompetenz ist eine Tugend, die im Allgemeinen als typisch weiblich gilt. Nach circa drei Jahrzehnten, in denen ich Gelegenheit hatte, das Verhalten der Menschen (streng unwissenschaftlich) zu beobachten, möchte ich behaupten: Bezüglich der Berufswahl mag das stimmen – darüber hinaus existiert in dieser Disziplin kein wahrnehmbares Gefälle zwischen Mann und Frau. Die Gretchenfrage in Sachen sozialer Kompetenz lautet: Wer bleibt stehen und hilft, wenn die Karawane weiterzieht, und einer nicht mehr mitkommt? Eher Männer oder eher Frauen? Eine statistische Erhebung brächte vermutlich ein eindeutiges Ergebnis: *unentschieden*.

- Die häufig thematisierten Präferenzen des Mannes bezüglich seiner Partnerwahl haben dazu geführt, dass *sein* Sexualverhalten im Allgemeinen als primitiv gilt – im Gegensatz zu dem der Frau. In Wahrheit jedoch gehorcht natürlich auch *sie* archaischen Instinktimpulsen. Und das bedeutet – und bis aufs Äußerste zugespitzt: *Er* steht auf große Brüste, *sie* auf dicke Portemonnaies. Denn dem Mann signalisieren ausgeprägte weibliche Attribute Fruchtbarkeit, die Frau dagegen will sicher gehen, dass ihre Brut versorgt ist.

Darüber hinaus möchte der Mann möglichst viele Frauen begatten – auch dieses befiehlt ihm sein Instinkt. Das mag in einer Gesellschaft, die das Ideal immer währender Monogamie verfolgt, unpassend wirken. Ebenso wenig zeitgemäß erscheint allerdings die offensichtliche Affinität der Frau für das Alpha-Männchen: Nur deshalb wagen sich Männer in die Schlacht oder machen Karriere. Denn dem Sieger winken die Frauen.

Was ich mit all dem sagen will ist: Männer und Frauen sind gleichermaßen Sklaven ihrer Instinkte. Und Mario Barth hat recht wenn er behauptet: *Männer sind Schweine, Frauen aber auch.*

* * *

Trotzdem neigen auch heute noch, vierzig Jahre nach Beginn der Emanzipation, manche Männer dazu, sich in einer Art vorauseilender Schuldanerkenntnis selbst zu kasteien. *Männer sind Schweine* sangen die ÄRZTE beispielsweise vor ein paar Jahren (oder sollte das womöglich nur Ironie gewesen sein, und ich hab´s nicht bemerkt?). Aber vielleicht ist ja der tiefere Sinn hinter so viel zur Schau gestellter Demut, auf diese Weise die sexuelle Erfolgsquote zu erhöhen, nach dem Motto: *Tut mir leid, Schatz, dass ich so ein eindimensionaler Chauvi bin. Aber jetzt zier´ dich bitte nicht länger!* Wenn´s klappt, dann: Chapeau!

* * *

Männer und Frauen passen einfach nicht zusammen – eine ebenso falsche wie unausrottbare Binsenweisheit. Wenn es in der Beziehung kriselt, dann liegt das an den unzähligen Parametern, die uns zum Individuum machen, und sicher nicht an den paar geschlechtsspezifischen Aspekten. Denn der Unterschied zwischen den Individuen ist sehr viel größer als der zwischen den Geschlechtern. Korrekt müsste es also heißen: *Individuen* passen einfach nicht zusammen – erst recht nicht, wenn sie zum Egoismus neigen (siehe **Die Kunst des Kompromisses** und **Der lange Weg zum Erwachsensein**).

* * *

Warum ist das Entsetzen eigentlich viel größer, wenn bei einem Massaker nicht nur Männer, sondern auch Frauen getötet werden? Und warum heißt es, Frauen (und Kinder) zuerst in die

Rettungsbote? Offenbar gibt es im Empfinden der meisten Menschen immer noch ein Wertigkeitsgefälle zwischen den Geschlechtern – zugunsten der Frauen. Einer der Gründe dafür dürfte das schlechte Gewissen der Männer nach so vielen Jahrhunderten der Unterdrückung sein (und warum sollten sich Frauen auch gegen ein solches Privileg wehren?). Aber ist das in einer Zeit, in der Frauen in der Gesellschaft längst gleichermaßen Verantwortung tragen, nicht anachronistisch?

* * *

Und dann ist da noch die Sache mit dem Multitasking – ein *Muss*, sobald Frauen über Männer lästern: Frauen hätten´s drauf, und Männer nicht. Aber was heißt Multitasking eigentlich, ganz konkret? Telefonieren *und* Suppe umrühren? Bügeln *und* Daily Soap gucken? Ja, ich gebe zu: das würde mich überfordern.

Kult, Kultur, Kommerz

Das posthistorische Zeitalter, oder: Es ist alles gesagt

Wer sich mit verschiedenen kulturellen Schaffensbereichen und deren Entwicklung beschäftigt stellt bald fest, dass es Disziplinen übergreifend zahlreiche Parallelen gab bezüglich der jeweils typischen Ausdrucksmerkmale einzelner Epochen. Dementsprechend durchliefen Musik, Literatur, Malerei, Theater, Architektur und Design im Laufe der Kulturgeschichte ähnliche Phasen mit prinzipiell vergleichbaren Stilelementen. Während des 20. Jahrhunderts fand eine immer schnellere und stets radikale Ablösung der Trends statt, so dass am Ende alles einmal bejubelt und einmal negiert wurde – bis es schließlich nichts Neues mehr zu entdecken gab. Inzwischen ist in Kunst und Kultur alles schon mal da gewesen – es ist alles gesagt.

Bedauern kann man an dieser Situation, dass wir nicht mehr Zeuge werden können einer neuen, aufregenden Epoche. Dementsprechend wird auch das Bedürfnis nach Protagonisten eines neuen Stils, nach Revolutionären und neuen Helden unbefriedigt bleiben. Das ist aber gar nicht weiter schlimm, denn die absurde Erwartungshaltung an das Neue, das *nächste große Ding* ist ja überhaupt erst aus dem früher herrschenden Zyklus vom Kommen und Gehen der Trends erwachsen. Wir werden uns also daran gewöhnen.

Der Kult um das Neue an sich ist überholt. Und das bedeutet mehr gestalterische Freiheit und sogar mehr Spaß, denn die unreflektierte Hysterie, mit der einstmals das vermeintlich Überkommene vernichtet wurde, bleibt uns zukünftig erspart. Stattdessen können wir bewusst zurückblicken und uns auf das Dagewesene besinnen. Die Konsequenz ist zum einen Historisierung (also der Neigung dazu, alles bewahren zu wollen, was irgendwie alt anmutet), vor allem jedoch Kanonbildung, die dazu führt, dass vergessene Schätze der Kulturgeschichte gehoben und wieder gewürdigt werden. Alles hat seine Berechtigung, und zwar zeitgleich und nebeneinander.

* * *

Manch kulturelle Errungenschaft des 20. Jahrhunderts mutet heute immer noch modern (oder besser: zeitlos) an, obwohl sie bereits vor Jahrzehnten entstand und nach den gnadenlosen Trendmechanismen längst der Verachtung hätte anheimfallen müssen. So stehen beispielsweise die Gebäude, die Möbel und sogar die Kaffeekannen aus dem Bauhaus 80 Jahre nach ihrer Entwicklung immer noch für modernes, zeitgemäßes Design. Es handelt sich um *universelle Geschmacksmuster*, die nicht mehr davon bedroht sind, von neuen Trends überrollt zu werden. Denn wo sich Schönheit und Funktionalität paaren gibt es offenbar nichts mehr zu optimieren.

Im Prinzip sind es also die Ideale der klassischen Moderne, die sich nach postmodernen Irritationen oder grellen Gegentrends der sechziger, siebziger und achtziger Jahre durchgesetzt haben. Die Gegenwart ist geprägt von einem trendresistenten Eklektizismus. Und das ist gut so.

Kunst versus Kultur

Das Fehlen einer befriedigenden Definition des Begriffes Kunst steht im krassen Gegensatz zur Häufigkeit seiner Verwendung. In früheren Zeiten – seit Beginn der Zivilisation bis zur Neuzeit – war Kunst vor allem ein Synonym für herausragende handwerkliche Fertigkeiten: Wer vor 3000 Jahren im Stande dazu war, einen Menschen 1:1 in Marmor abzubilden der galt ganz sicher als großer Künstler. Doch auch wenn der Laie an seiner Überzeugung festhält, dass Kunst von Können käme, so sorgt heute eine realitätsgetreue Abbildung der Wirklichkeit bestenfalls noch für gute Postkartenverkäufe im Andenken-Shop von Kap Arkona.

Seit den zwanziger Jahren des 20. Jahrhunderts bedeutet Kunst vor allem kreative Subversion: Jede Künstlergeneration stellte von nun an das bisher Dagewesene radikal in Frage, solange, bis am Ende sogar die Subversion selbst in die Jahre kam. Wirklich neuartige Kunst gibt es also nicht mehr (siehe **Das posthistorische Zeitalter, oder: Es ist alles gesagt**). Und wenn dann inzwischen auch noch die Superreichen ihr Vermögen statt in Aktien lieber in Kunst anlegen, drängt sich die Frage auf, ob es nicht angemessen wäre, das endgültige Ende der Kunst zu diagnostizieren.

Aber gemach: Es gibt immer noch einen Weg, große Kunst entstehen zu lassen, nämlich per Deklaration. Heute sind es die Museumsleiter und Galeristen, die entscheiden, welcher Murks Kunst ist, und welcher Murks Murks bleibt. Und eines ist gewiss: Je absurder die Idee um so größer die Euphorie.

Hätte Jeff Koons seine Pläne für den Spielbudenplatz auf der Reeperbahn in Hamburg realisieren können, dann stünden dort heute Kräne. Aber keine Kräne im originären, sprich: funktionalen Sinne, sondern: Kunstwerke. Dagegen waren die Kräne an der Baustelle auf dem Holsten-Gelände (also nur etwa 500 Meter entfernt) auf jeden Fall nur Kräne. Logisch. Oder etwa nicht?

Ich meine jedoch: Ein Kran ist ein Kran ist ein Kran.

Noch irrwitziger geht jedoch immer: Wenn beispielsweise Damien Hirst einen echten Totenschädel mit Diamanten besetzt sieht das zwar aus wie geschmackloser Kitsch von Swarovski, wird jedoch zur Kunst, weil es von einem berühmten Künstler stammt (sic!), so noch nie da war (Gott sei Dank, möchte man sagen), abartig teuer ist (wegen der Diamanten), und von den Entscheidungsträgern der Szene zur Kunst erklärt wurde (ich wiederhole mich).

Manch einer ergötzt sich gewiss an all diesen bedeutungsschweren Exponaten – weil er sich überlegen fühlen und dazu gehören möchte zum illustren Kreis der Kunstverständigen. Wer diesen Rummel jedoch nicht mitmacht dem fehlt es nicht unbedingt an Intelligenz, sondern der ist vielleicht einfach nur bei klarem Verstand.

* * *

Während also das Wort „Kunst" stets eine tiefere Relevanz impliziert, die über das Offensichtliche weit hinaus geht, lassen sich unter dem Begriff „Kultur" auch Produkte aus Design, Konsum und Entertainment subsumieren. Und wer etwas entwirft, das dem Zeitgeist entsprechen soll – also kommerziell ist – schafft manchmal Ikonen der Zivilisation (siehe **Es liegt viel Wahrheit im Trivialen**). Ein Stück rostiger Stahl ist keine Kunst, aber eine Cola-Flasche ist Kultur.

Gewaltverherrlichende Regisseure – Parasiten der Freiheit

Der Kulturschaffende nimmt für sich gern die gesetzlich garantierte Freiheit in Anspruch, gerade wenn es um die Legitimation extremer Inhalte geht. In Film und Fernsehen führt dies seit Jahrzehnten zu einer inflationären Darstellung von Gewalt. Sobald sich jemand an dieser Entwicklung stört, sobald jemand eine Reduktion fiktionaler Gräuel oder gar mehr Kontrolle fordert, wird reflexartig die Zensurkeule geschwungen. *Die Freiheit sei in Gefahr*, heißt es dann voller Pathos, so, als stünden die Säulen unserer Verfassung in Flammen, nur weil man jemandem untersagen möchte, noch mehr Sadismus, Vergewaltigung und Mord zu inszenieren. Ich dagegen glaube, dass die gewaltverherrlichenden Filmschaffenden eine Gefahr sind, denn sie missbrauchen die Freiheit und leugnen die daraus erwachsende Verantwortung.

Dass ein Übermaß an inszenierter Gewalt eine Zunahme von realer Gewalt zur Folge haben kann wird ein vernunftbegabter Mensch kaum leugnen wollen. Wer oft genug sieht, dass man dem am Boden Liegenden durchaus noch einmal ins Gesicht treten kann, verliert eventuell auch im wirklichen Leben alle Hemmungen. Die Mehrheit der Filmschaffenden und auch ein Großteil des Publikums wollen diesen Zusammenhang jedoch nicht sehen. Wenn jemand mit der Gewaltdarstellung nicht umgehen könne dann trage er allein die Schuld für sein Handeln, so der Tenor. Eine Verantwortung desjenigen, der einen bis dahin unauffälligen Menschen mit seiner visualisierten Barbarei erst zu echten Gewalttaten inspiriert hat, sei nicht vorhanden: Was kann der Regisseur schon für die vielen kranken Seelen da draußen? Die Schuld wird – wie so oft – anonym auf die Gesellschaft abgewälzt. Da sind dann irgendwie alle verantwortlich, nur man selber nicht.

Wenn nun aber einige *nicht* inszenierte Gräuel bedeuten würden, dass es auch im wirklichen Leben ein paar Gewaltopfer weniger gäbe (nämlich weil dieser eine Tropfen, der das Fass sonst zum Überlaufen gebracht hätte, fehlt): wäre es das nicht wert? Und was spricht eigentlich dagegen, bestimmte Dinge *nicht* zu zeigen?

Am empörendsten ist es, wenn der Filmautor mit seinen Horrorbildern auch noch eine tiefere Botschaft vermitteln will, so wie z. B. Oliver Stone mit „Natural Born Killers": Zunächst lebt er die (offenbar zutiefst amerikanische) Wollust an der schieren Gewalt aus, indem er sie ebenso explizit wie cool visualisiert, um dann so zu tun, als sei dieser Film in Wahrheit eine *Mediensatire*. Angeblich will er die Mechanismen der Medien anklagen, die das Grauen der Welt reißerisch präsentieren, um daraus Gewinn zu schlagen – und macht exakt dasselbe. Das ist die Definition von Verlogenheit.

Damit aber auch die Dümmsten begreifen, was Stones Botschaft ist, gibt es zum Ende des Films einen moralinsauren Monolog, zynischer Weise vorgetragen vom Massenmörder höchst selbst, der dann anschließend den karrieregeilen Reporter – nach Stones Logik den eigentlich Schuldigen – erschießt. Ab hier avanciert der kranke

Killer endgültig zum Helden, und das Morden ist somit von allem Amoralischen befreit.

Der Amokschütze von Bad Reichenhall hatte ein „Natural Born Killers"-Plakat über seinem Bett. Die weisen Worte am Ende des Films waren offenbar nicht zu ihm durchgedrungen.

Shades of grey

Der Superheld von heute ist innerlich zerrissen: Batman und Bond haben heute mehr private Sorgen als Feinde. Alles nur noch finster, bierernst, deprimierend. Ist nichts mehr mit Welt retten in 90 Minuten.

Aber James Bond ohne Augenzwinkern, das ist wie John McClane ohne *yippieyayey Schweinebacke*.

Ich will keine sympathischen Schlächter und erst recht keine fiesen Helden. Ich will, dass die Schurken auf´s Maul kriegen und die Edlen lächelnd siegen. Gut und Böse, schwarz und weiß – keine Schattierungen von Grau. Das ist mir zu real und viel zu kompliziert. Da kann ich mir ja gleich die Tagesschau ansehen.

Bekloppte Boheme, Part 2

Die Selbstüberschätzung manches Denkers und Journalisten habe ich weiter oben bereits beklagt (siehe **Bekloppte Boheme, Part 1 – oder: warum dieses Buch**). Noch mehr bekloppte Bohemiens findet man in der Kunst- und Kulturszene (siehe **Kunst versus Kultur** und **Hamburger Schule**), und nicht zuletzt unter deutschen Schauspielern. Auch sie beteiligen sich gerne am gesellschaftlichen Diskurs, zumeist um mit größter Emphase altbekannte Missstände zu bejammern. Vor allem aber brennen sie stets darauf, ihr künstlerisches Niveau zur Schau zu stellen.

Leider jedoch ist bei manchem Akteur die Diskrepanz zwischen Schein und Sein beachtlich: Entgegen der stets kolportierten Unabhängigkeit dreschen sie immer wieder die gleichen Phrasen (*„Ich lasse mich in keine Schublade drängen!"*), und ihr ach so unkonventionelles Auftreten wirkt manchmal beinahe wie einstudiert. Faszinierend, wie diese Menschen es schaffen, noch der flachsten Rolle eine tiefere Bedeutung abzugewinnen. Natürlich geht es ihnen dabei nur um die Kunst – der Rummel um ihre Person ist ihnen angeblich zuwider. Und doch lassen sie keine Talkshow, keine Preisverleihung und keinen roten Teppich aus. Aber vielleicht muss man einem jungen Sternchen dieses kapriziöse Gebaren nachsehen.

* * *

Der Archetyp des männlichen deutschen Schauspielers ist rüpelhaft, ungepflegt und furchtbar unangepasst. Das Bild vom rauen und doch total emotionalen Kerl ist in der deutschen Schauspiellandschaft seit Götz George (genauer: seit Horst Schimanski) nicht mehr wegzudenken. Man ist kolossal anspruchsvoll (vor allem gegen sich selbst), weitgehend beziehungsunfähig (Stichwort einsamer Wolf) und latent gewalttätig (das Tier im Manne). Der proletarische, grundehrliche und nonkonformistische Malocher unter den Schauspielern. Ich finde: ein einziges, blödes Klischee.

Georges Erbe folgen Armin Rohde (immerhin sympathisch), Jürgen Vogel (immerhin lustig) und Richie Müller (weder sympathisch noch lustig). Und dann ist da noch Ben Becker: ebenso versnobt wie prollig, zweifellos der Boss der bekloppten Boheme.

Es liegt viel Wahrheit im Trivialen

Während der um Ernsthaftigkeit bemühte Filmemacher mit seinem Oeuvre stets gesellschaftliche Relevanz anstrebt lassen sich Zeitgeistphänomene im Nachhinein doch oft viel besser an kommerziellen Produktionen ablesen. Gerade wegen des Anspruchs, unbedingt am Puls der Zeit sein zu wollen, werden in Film und Fernsehen manche Veränderungen visionär vorausgenommen.

So kündigen etwa die Filme von Rock Hudson und Doris Day die sexuelle Befreiung der späten sechziger Jahre bereits an. Obwohl (natürlich) nichts zu sehen ist und noch nicht einmal explizit darüber gesprochen wird, ist doch jedem klar, worum es etwa in „Bettgeflüster" geht. Andeutungen und frivole Spitzfindigkeiten weisen darauf hin, dass es offensichtlich ein Interesse an mehr sexueller Offenheit gab. Gleichzeitig bereitete diese Art der impliziten Darstellung sicher auch den Weg für die weiteren Ereignisse.

Homosexualität wird heute (zumindest in Westeuropa) als ein ganz und gar gewöhnliches Phänomen wahrgenommen. Eine der Ursachen für diese erfreuliche Entwicklung ist die Tatsache, dass dieses Thema spätestens seit den achtziger Jahren ein Dauerbrenner in Film und Fernsehen ist. Egal ob schrill und tuntig („Ein Käfig voller Narren") oder smart und cool („Die Hochzeit meines besten Freundes"), die Botschaft, die langsam aber sicher beim Publikum durchsickerte, lautete stets: Schwule sind ganz normale Menschen.

Und als 1998 „Deep Impact" in die Kinos kam war die Rolle des US-Präsidenten mit Morgan Freeman besetzt, einem Afroamerikaner – eine Idee, die man zu jenem Zeitpunkt bestenfalls als einen visionären Gag verstehen konnte. 10 Jahre später aber wurde genau das Realität.

Manche kommerziell kalkulierte kreative Entscheidung kann durchaus dazu beitragen, das

Bewusstsein der Zuschauer zu verändern und den Boden zu bereiten für neue Entwicklungen. Ganz offensichtlich liegt viel Wahrheit im Trivialen.

Sex sells out

Während in den fünfziger Jahren eine Schauspielerin noch Morddrohungen erhielt, wenn sie vor der Kamera ihren Körper entblößte (wie etwa Hildegard Knef 1951 in „Die Sünderin"), ist es heute nicht mehr möglich, eine Illustrierte durchzublättern ohne mit blanken Brüsten konfrontiert zu werden. Es ist nicht mehr möglich, einen Werbeblock ohne Sexszenen zu sehen, und in jedem anderthalbten Spielfilm wird der Koitus des Jahrhunderts kolportiert, bei dem mindestens ein paar Vasen zu Bruch gehen müssen, weil der Weg zum Schlafzimmer einfach zu weit ist. Dazu kommt die desaströse Erhöhung der Zoten-Frequenz, zumindest im deutschen Humor (siehe **Witzischkeit kennt keine Grenzen**). Die totale Sexualisierung.

Es gibt jedoch durchaus noch Tabus, denn wenn man all diesen heißen Bildern Glauben schenkt findet Sex doch nur statt zwischen schönen, jungen und gesunden Menschen. Aber was ist mit denjenigen, die nicht so schön, die alt oder gar behindert sind? Die inszenierten Momente von Nacktheit und Sexualität gehen in der Regel also an der Realität vorbei. Abgesehen davon führt der medial vermittelte Premiumsex ganz sicher auch zu einer Art Leistungsdruck: Wer hat als erster, wer macht es am häufigsten, wer kann am längsten. Und wer kriegt die Mädels am schnellsten rum. Mancher Soziologe prognostiziert deshalb bereits – vielleicht etwas dramatisch – eine sexuelle Verwahrlosung der Jugend.

Sobald jemand für etwas weniger Nacktheit plädiert, für etwas weniger Gerammel, dann landet er sogleich in einer Reihe mit dem Papst und der katholischen Kirche, sprich: den Traditionsfeinden der Wollust. Und wenn ein Freiheitsapostel dieselbe in Gefahr sieht wird sofort aus allen Rohren geschossen.

Dabei wissen wir doch alle, dass die vielen makellosen Leiber, das ganze Geklöppel doch nur den Verkauf ankurbeln sollen: je obszöner, umso mehr Aufmerksamkeit, umso erfolgreicher. Doch halt, manchem Kreativen geht es dabei auch um Kunst und Provokation! Das Dumme ist nur: Wo beinahe alles schon gezeigt wurde, findet die Provokation nur noch um ihrer selbst willen statt. Und was gibt es Öderes.

Don´t believe the Hype, Part 1

Für den Umgang mit Kritiken gilt folgende Faustregel: Wenn ein Produkt verrissen wird (erst recht, wenn es von vielen verrissen wird) dann ist es sehr wahrscheinlich Schrott. Bricht jedoch ein

Sturm der Begeisterung los und überbieten sich die Kritiker mit Lobeshymnen, dann bedeutet das – gar nichts. Steht nämlich erst einmal die Behauptung im Raum, dass eine Platte, ein Buch, ein Film herausragend sei, dann traut sich kaum noch jemand, zu widersprechen. Der Kampf gegen den Hype gleicht einem Kampf gegen Windmühlen.

Ein Beispiel: Fatih Akins „Gegen die Wand". In diesem Film erlebt der Zuschauer, wie zwei quasi asoziale Menschen ihren Frust zelebrieren und sich dabei selbst zerfleischen. Kloppen, Koksen, Kopulieren – damit ist der Plot knapp umrissen. Aber natürlich wird das chronische Gekeife der Hauptdarstellerin als große Schauspielerei wahrgenommen – wie so oft in der deutschen Filmrezeption. *Das ist ja so intensiv, nicht wahr?* Nein, es ist *so* unecht. Voll nicht das Leben.

Trotzdem kam der Erfolg von „Gegen die Wand" nicht überraschend. Die von ihrer eigenen öden Existenz gelangweilte Kultur-Boheme ergötzt sich nämlich – nicht ohne einen gewissen Neid – an so viel (vermeintlicher) Lebensweltlichkeit. Der Goldene Bär war insofern eine logische Konsequenz.

Ein anderer Fall unreflektierter Hysterie ist der Kult um die Filme von Quentin Tarantino. Diese sind über weite Strecken zum Gähnen, häufig sinnfrei und in manchen Szenen schlicht barbarisch. Trotzdem werden sie grundsätzlich und ohne Ausnahme bejubelt. Beispiel „Death Proof":

Gefühlte drei Stunden muss der Zuschauer das debile Gequassel von vier jungen Damen über sich ergehen lassen, bis dann endlich doch noch ein wenig Action aufkommt. Vollkommen unmotiviert zwar, aber, zugegeben, eine gewisse Befreiung nach all dem Geschwätz.

Wer ehrlich ist muss zugeben, dass „Death Proof" ein mieser Film ist. Doch was schreibt der gemeine Kritiker? Was liest man im Feuilleton? Volle Punktzahl, Daumen hoch, very cool, *ein echter Tarantino*. Denn da wo Kult drauf steht muss auch Kult drin sein.

Don´t believe the Hype, Part 2

Auch im Pop-Business gibt es eine ärgerliche Diskrepanz zwischen Überschwang und fehlender Substanz. Das *next big thing* muss in den Redaktionen der Musik-Postillen rechtzeitig beschrien werden, wenn man nicht den Anschluss verlieren will. Der Anlass für den lächerlichen Hype ist, dass man sich auf diesem Wege selber eine Existenzberechtigung verschaffen kann, indem man sich als Trendscout für den jugendlichen Fan unverzichtbar macht. Lieber etliche Enten protegieren als ein einziges Mal zu verpennen.

Das Dumme dabei ist jedoch, dass es *den* großen Trend in der Popmusik nicht mehr geben wird. Wie für andere Schaffensbereiche gilt nämlich auch hier, dass sämtliche Stilfacetten schon hundertmal durchgespielt wurden. Es gibt keine neuen Ausdrucksmöglichkeiten mehr und somit auch keine neuen Helden, die als Vertreter ihres Stils nachhaltigen Ruhm erlangen könnten (siehe **Das posthistorische Zeitalter, oder: Es ist alles gesagt**).

Diesen Mangel an richtigen Stars versucht die Musikindustrie durch eine umso größere Flut an neuen Interpreten zu kompensieren. Zumindest Teenagern kann man immer noch erzählen, was sie keinesfalls verpassen dürfen. Deshalb lässt sich mit manchem Sternchen kurzfristig auch noch eine Menge Geld verdienen – ihre Karrieren verlaufen jedoch immer marginaler. In ein paar Monaten, ach was, in ein paar Wochen ist der ganze Hype vergessen.

50.000.000 Fans können nicht irren

Gut ist, was jeder kauft – denkt zumindest der Laie. Dem Fachmann jedoch graut vor dem Votum der Masse, denn er hat viel gehört von Opportunismus und Konditionierung. Er glaubt, die Mechanismen des Marktes verstanden zu haben: Demnach müsse man dem Durchschnittskonsumenten nur lange genug erzählen, dass ein Produkt gut sei, dann wird er es eines Tages auch haben wollen. Aus dieser Überzeugung erwächst bei manchem in der Umkehr die absurde Idee, dass alles, was mehrheitsfähig ist, per se nichts wert sei. Nur was der Insider kennt habe wirklich Gewicht.

Fragt man beispielsweise einen Musikjournalisten nach dem wichtigsten Album von PINK FLOYD, dann wird er vermutlich sagen: „The Piper At The Gates Of Dawn". Zwar kennt kaum jemand diese Platte, aber gerade *deshalb* nennt er sie, nämlich um sein Wissen unter Beweis zu stellen und sich abzugrenzen vom Mainstream-Hörer. Dieser wird fragen: Was ist mit „Dark Side Of The Moon" oder „Wish You Were Here" oder „The Wall" – den späteren Millionensellern? Die Antwortet des Rock-Experten: *Pah, alles nur noch Kommerz!* Die entscheidende Frage allerdings lautet: *Warum* waren diese drei Alben so viel erfolgreicher? Natürlich weil sie besser sind.

Ich glaube daran, dass nur wirklich gute Produkte nachhaltig erfolgreich sind (siehe **Warum schöne Musik schön ist**). Aus diesem Grunde werden Bands, Platten und Songs an nachfolgende Generationen weitergereicht und gehen ein in den Kanon der populären Musik. Manchmal – wie etwa bei ABBA – muss das Stadium chartrelevanter Popularität sogar erst überwunden werden, damit die Menschen erkennen, wie zeitlos ihre Werke tatsächlich sind. Damals jedoch lehnten viele ABBA ab, und zwar aus ideologischen Gründen: zu hübsch, zu sympathisch, zu erfolgreich, und vor allem zu wenig subversiv. Heute, wo all die Skeptiker erwachsen geworden sind, erkennen auch sie die Genialität von Björn und Benny.

Ein schneller Charterfolg sagt dagegen nicht viel aus über die eigentliche Qualität eines Titels. Manch belangloser Song erfüllt vielleicht gerade mal die modischen Anforderungen, wie z. B. „I´m A Bitch" (Interpretin: irrelevant). Zu jener Zeit war es plötzlich en vogue, dass sich Frauen selbst bezichtigten, eine Schlampe zu sein (etwa vermittels eines entsprechenden T-Shirt-Aufdrucks). Der Song lieferte quasi den Soundtrack zu diesem beknackten Zeitgeist-Phänomen. Nur ein Strohfeuer, inzwischen fast vergessen.

* * *

Den Erfolg Dieter Bohlens oder der volkstümlichen Musik heranzuziehen, um die These vom Zusammenhang zwischen Qualität und Erfolg zu widerlegen, ist unseriös, denn die Anzahl der aktiven Musikkonsumenten ist ebenso groß wie heterogen. Daraus folgt die nur auf den ersten Blick banale Erkenntnis, dass Musik, die man nicht mag, nicht unbedingt schlecht sein muss, sondern nur nicht dem eigenen Geschmack entspricht. Es hieße Äpfel mit Birnen zu vergleichen wenn man QUEEN gegen die ZILLERTALER SCHÜRZENJÄGER antreten ließe.

Bei einer seriösen Erörterung der Frage danach, was *wirklich* gut ist, können wir also nur entweder über Rockmusik sprechen (wie z. B. über die Frage, welches PINK FLOYD Album denn nun wirklich das Beste ist) oder über den Musikantenstadl. Beides zu verwursten führt zu keinen verwertbaren Ergebnissen.

Warum schöne Musik schön ist

Konsumkritiker behaupten, man könne dem Kunden mit entsprechendem Werbeaufwand beinahe alles schmackhaft machen. Die Manager der Plattenindustrie wissen es jedoch besser – aus leidvoller Erfahrung: Nur ein Bruchteil dessen, was massiv beworben wird, entwickelt sich auch zum Hit. Für die Tatsache, dass das eine Produkt zum Bestseller wird und das andere zum Flop (bei vergleichbarem Promotionsaufwand), sind neben diversen nonmusikalischen Aspekten (vor allem physische Attraktivität und Ausstrahlung des Interpreten) musikästhetische Faktoren verantwortlich, die jenseits des individuellen Geschmacks und sogar kulturübergreifend von vielen Konsumenten ähnlich positiv aufgenommen werden. Es gibt also offenbar auch in der Musik universelle Geschmacksmuster (siehe **Es ist alles gesagt – das posthistorische Zeitalter**).

Die bekannteste aller universellen Reaktionen in Bezug auf Musik ist die Präferenz des Menschen für Rhythmen im Bereich von 120 Schlägen pro Minute. Dieses Tempo entspricht ungefähr der Herzfrequenz eines Erwachsenen – man kann sich mit dem Beat quasi synchronisieren. Schwerer zu erklären ist, warum auch bestimmte Melodien, Harmoniefolgen und Klangfarben von verschiedenen Menschen ähnlich empfunden werden (nämlich z. B. als ernst oder leicht, traurig oder beschwingt, bedrohlich oder entspannend, etc.). Offenbar gibt es auch hier eine unmittelbare Interaktion zwischen physikalischem Ereignis und neurologischer Reaktion.

Noch relativ einleuchtend ist dieses Phänomen im Zusammenhang mit den Basisintervallen (Terz, Quarte, Quinte, Oktave) bzw. der Affinität des Menschen für Kadenzen: mathematisch reine Schwingungsverhältnisse (wie eben bei diesen Intervallen) bewirken in unser Physis analoge Prozesse: Die kombinierten Töne werden (physikalisch gesehen quasi zu Recht) als *passend* empfunden – die Konsequenz ist eine angenehme emotionale Reaktion. Bei einer komplexen Komposition mit all ihren wiederum zusammen wirkenden Elementen ist es jedoch kaum noch möglich, die Wechselwirkung zwischen den zahllosen physikalischen Impulsen und den daraus resultierenden Emotionen zu ermitteln.

Die Erkenntnisse über die auf vielfältige Weise emotionalisierende Qualität von Musik bewirkte über die Jahrhunderte eine Entwicklung vom Einfachen zum Komplexen: Sobald ein Komponist einen musikalisch-emotionalen Effekt entdeckt hatte integrierte er diesen gezielt in sein Werk. Andere Komponisten griffen diesen Effekt auf, variierten ihn, und ergänzten weitere Stilmittel. Die Geschichte der Musik ist insofern ein quasi-evolutionärer Prozess: Sie hängt nicht nur von der kulturellen Herkunft bzw. dem Genius des Komponisten ab, sondern auch von den unabänderlichen Vorzeichen aus Physik und Neurologie.

It´s still Rock´n´Roll to me

Während THE WHO im Song „My Generation" noch behaupteten, lieber sterben zu wollen als alt zu werden, wünschte sich Robbie Williams gut drei Jahrzehnte später genau das Gegenteil: „I hope I´m old before I die". Der Widerspruch zwischen diesen beiden Paradigmen ist allerdings überschaubarer, als es zunächst den Anschein hat, ging es THE WHO doch nicht um das physische, sondern vielmehr um das mentale Altern. Die seit jener Zeit immer wieder thematisierte Sorge vor einer frühen weltanschaulichen Vergreisung mündet heute folgerichtig im Dogma vom ewig jugendlichen Bewusstsein.

Wer jedoch nicht auf jeden Zug aufspringen will wird eines Tages konsterniert feststellen, dass er den aktuellen Hype irgendwann nicht mehr nachzuvollziehen vermag. Umso mehr kann es dann eine beruhigende, ja befriedigende Erfahrung sein, wenn man erlebt, wie ein ebenso umjubelter wie dubioser Trend genauso schnell vergeht, wie er kam, wenn man Zeuge wird, wie all die Sternchen ebenso schnell verglühen, wie sie zu leuchten begannen. Das macht gelassen. Lass die Kids ruhig kreischen.

Auf jemandem wie Britney Spears herumzuhacken ist mir jedoch zu naheliegend. Jeder weiß, dass sie ein Produkt für den schnellen Konsum war, nichts anderes als kalkulierter Kommerz (es könnte allerdings sein, dass sie das als einzige nicht wusste). Viel lästiger ist es, wenn wieder einmal ein paar Grünschnäbel so tun, als erfänden sie gerade erst den Rock´n´Roll – und die Musik-Journaille glaubt ihnen wie üblich auf´s Wort. Hört man sich all die brandheißen Platten dann etwas genauer an, nun ja, dann klingt das Ganze doch meistens recht vertraut.

Ähnlich war es auch beim Grunge, dem rockmusikalischen Megatrend der frühen 90er Jahre. Zweifellos ist „Smells Like Teenspirit" ein toller Song, der längst seinen Weg in den Kanon der populären Musik gefunden hat. Aber was war nun das grundlegend *Neue* am Sound aus Seattle? Was war *der* Unterschied zwischen NIRVANA und – sagen wir mal – GUNS N´ ROSES? Am Offensichtlichsten: die textilen Statements. Axl Rose mit Hot Pants und Charles-Manson-T-Shirt, Kurt Cobain in Jeans und Omas Häkeljacke. Ich finde: geschmacklos ist beides, wirklich subversiv ist beides nicht.

Das wichtigste homogenisierende Element der Grunge-Szene (gerade in Abgrenzung zu Stadion-Rockern wie GUNS N´ ROSES) war allerdings die Verweigerung gegenüber kommerziellen Zwängen. Cobain und Konsorten *wollten* gar keine Rockstars sein – ein seit dem Punk unausrottbares Motiv in der Popmusik. Ironischer

Weise hat jedoch gerade diese Haltung ihren Status bei den Fans nur noch vergrößert. Anbetracht ihrer Gesinnung drängt sich allerdings die Frage auf, warum NIRVANA überhaupt Videos produzierten – damals eines der wichtigsten Marketingwerkzeuge in der Musikbranche, die die *Heavy-Rotation* auf MTV, sprich: den kommerziellen Overkill, erst ermöglichten?

Wenn man all den ideologischen Ballast und die grässlichen Klamotten weglässt, wenn man Grunge also auf das Wesentliche, nämlich die Musik, reduziert, dann war es doch nichts anderes als: Rock´n´Roll.

* * *

Juvenile Großspurigkeit gehört allerdings seit den ROLLING STONES und THE WHO zum Pop-Gewerbe wie E-Gitarren, Drogen und demolierte Hotelzimmer. Weil diese Bands jedoch *wirklich* revolutionär waren, konnten sie sich diesen Habitus leisten. Denn in den späten sechziger, den frühen siebziger Jahren erschien jede Woche mindestens ein absoluter Klassiker der Rockmusik, ein must-have-Album. Die ganze Epoche ein Füllhorn der Inspiration.

Heute kann man über die Arroganz neuer Bands nur noch lachen. Es gibt kaum eine Gruppe, der man nicht ein halbes Dutzend Vorbilder zuordnen kann. Wenn man aber die Kids, die so sehr darauf abfahren, auf eben diese Vorbilder anspricht, dann starren sie einen mit Unverständnis an. Die Pioniere des Rock – in den Augen der Teenies nur noch *boring old farts.* Sie wissen einfach nicht, wovon man spricht. Die Folge: *Communication Breakdown.*

Oder wie STEELY DAN es formulierten:

Hey nineteen that´s Aretha Franklin
She don´t remember the queen of soul
Hard times befallen the sole survivors
She thinks I´m crazy but I´m just growing old

Lennon versus McCartney

Es ist eine lächerliche Frage, überflüssig und doof – und doch immer wieder heiß diskutiert: Wer war eigentlich der bessere Beatle? John Lennon oder Paul McCartney? Die Antwort lautet meistens: John Lennon.

Ich glaube allerdings, dass Lennon nur in einer einzigen Disziplin überlegen war, nämlich in Sachen Attitüde. Um sich nämlich den Respekt des ambitionierten Rockfans zu sichern sind Verweigerungsgebaren und Arroganz unverzichtbar. Und gegen den übellaunigen Zyniker hat ein Mr. Niceguy nun mal keine Chance. *Das* ist der Grund, warum der Pokal fast immer an Lennon geht.

Seinem Lebensstil verdankt Lennon diesen Triumph sicher nicht: Er besaß ein Monster-Appartement in New York und diverse Luxuslimousinen – das Benehmen eines gewöhnlichen Rockstars also, eines Menschen, der zum Establishment gehört. Allerdings hat Lennon in diesem Wettstreit einen anderen, unbezahlbaren Vorteil: Er ist tot. Und das heißt: Er kann keine Fehler mehr machen. Aber mal ehrlich: war Heather Mills wirklich so viel ätzender als Yoko Ono?

Und worum es hier eigentlich gehen sollte ist ja wohl die Musik. Fakt ist, dass beide Ex-Beatle Schlagersänger genug waren, um die Welt mit einem Weihnachtslied zu beglücken: "Happy Xmas" (Lennon) und „Wonderful Christmas Time" (McCartney). Will irgendjemand behaupten, dass es zwischen diesen Liedchen ein ernsthaftes Niveaugefälle gäbe, dass das eine gar kitschiger sei als das andere?

Für mich heißt es deshalb: Lennon versus McCartney – klares Unentschieden.

Punk oder Disco?!?

Ich sage: Weder noch. Disco nervt mit Pomade und Flachsinn („Yowsah Yowsah Yowsah"), Punk mit Krawall und Attitüde. Ich *muss* mich entscheiden? Na gut, dann: natürlich Disco. Denn dieser Sound brachte immerhin unzählige Stars und grandiose Hits hervor. Und selbst die

ROLLING STONES blieben vom Dancefloor-Hype der späten siebziger Jahre nicht unberührt.

Punk dagegen steht doch bloß für diffuse Subversion. Punk sein heißt, dagegen sein: gegen Hippies, gegen die verdienten Helden der Rockmusik, gegens nett sein, ja sogar gegen Sorgfalt bei der Morgentoilette. In gesellschaftlicher Hinsicht sind die Spuren der Punkbewegung marginal. Und auch musikalisch bot Punk nur graduelle Unterschiede zum Schonmaldagewesenen: gerade mal ein Quäntchen schneller, primitiver, dreckiger als die Ahnen des Rock. Und wie sieht es aus mit den großen Hits des Punk? Vielleicht „London Calling"? Ein toller Song, kein Zweifel, aber bitte: es ist ein *Pop*-Song!

Immerhin fanden sich in der Popmusik der Post-Punk-Phase manche Ausdrucksmittel des Punk wieder: Minimalismus, leck-mich-Attitüde sowie Outfitelemente flossen ein in New Wave und New Romantics. Es ist allerdings fraglich, ob eine Musikrichtung nun als besonders verdienstvoll gelten kann, wenn deren Erbe vornehmlich aus nonmusikalischen Aspekten besteht.

I hate PINK FLOYD stand auf den T-Shirts der SEX PISTOLS. Zwei Jahre später veröffentlichten PINK FLOYD „The Wall", ein grandioses und grandios erfolgreiches Album. Ganz und gar unbeeinflusst von Punk. War da was?

* * *

Ein weiteres musikalisches Phänomen der späten siebziger Jahre steht dagegen nur selten im Fokus popgeschichtlicher Erörterungen, und zwar weil es weder grell (wie Disco) noch subversiv (wie Punk) war: nämlich der intelligente, geschmackvolle, aggressionsfreie und deshalb mehrheitsfähige Rock-Pop von Supergruppen wie ABBA, FLEETWOOD MAC, THE EAGLES, SUPERTRAMP, oder (eine Liga darunter) ELECTRIC LIGHT ORCHESTRA, 10CC und BARCLAY JAMES HARVEST.

Natürlich haben all diese Bands ein sehr eigenständiges künstlerisches Profil, es gibt jedoch auch zahlreiche Parallelen: Ihre Musik ist eher elegant als dreckig, eher clever als primitiv, und eher geeignet zum Träumen denn als Soundtrack für die große Revolte. All diese Gruppen repräsentieren den Rückzug ins Romantische, der im Laufe der siebziger Jahre auf den (scheinbar) gescheiterten Umbruch der Studenten- und Hippiebewegung folgte.

Typisch für diese Bands war außerdem das gleichberechtigte Nebeneinander von Gitarren und Keyboards (welche mehrheitlich zu jener Zeit erst auf den Markt kamen) sowie die polyphonen Vokalarrangements. Ihre Platten stehen für die revolutionären Entwicklungen der Studiotechnik: 24-Spur-Tonbandmaschinen boten erstmals die Möglichkeit, viele Instrumente und Stimmen nacheinander aufzunehmen. Auf diese Weise entstand ein *High-Fidelity-Sound* wie man ihn bis dahin noch nie gehört hatte.

Die wichtigste Gemeinsamkeit dieser Bands war jedoch die Fähigkeit, phantastische Popsongs mit grandiosen Melodien zu schreiben, Hits am Fließband, Musik, die den Bauch berührt und dabei den Kopf nicht beleidigt. Zum darnieder legen und sich hingeben.

Denk ich an '77, dann sag ich: „Rumours". Who the fuck is Johnny Rotten.

My words are the strongest

Ja, ich stehe dazu, ich finde Hip Hop oftmals widerlich. Der Tenor des rappenden Afroamerikaners lautet: *My words are the strongest and my dick is the longest.* Geht es diesen Leuten denn wirklich nur um Prestigeobjekte, um Autos, Waffen und große Brüste? Ich hoffe nicht! Aber sie tun alles dafür, dass man das glaubt. Ist dieser präzivilisatorische Dumpfsinn nun die Antwort auf 200 Jahre Sklaverei, die Rache für Ausbeutung und Unterprivilegiertheit? Nach dem Motto: Ihr haltet uns für primitiv, also benehmen wir uns auch so?

Und dann das ewige Gejammer vom Leben im Ghetto. Als wären es immer nur *schwarze* Amerikaner, denen es aufgrund mieser Lebensumstände schlecht geht. Aber es ist nun mal viel lässiger, zusammen mit der Gang seine Mitmenschen zu belästigen, als sich vielleicht einfach mal um einen Arbeitsplatz zu bemühen. Und am Ende sind eh immer nur die anderen schuld.

* * *

Zunächst sah es so aus, als ginge der Kelch des Gangster-Schwachsinns an uns vorbei: Die Pioniere des deutschen Rap hatten mit Gewalt nichts am Hut, sie addierten stattdessen Humor und unterließen Schwanzlängenvergleiche. Deutscher Hip Hop war meistens clever, manchmal komisch und fast immer ethisch vertretbar.

Bis die Rüpel-Rapper kamen: Sie verdienen Millionen, weil sich hunderttausende von Zwölfjährigen daran ergötzen, dass jemand Gewalt und sexuelle Anarchie propagiert – und damit die eh schon rudimentären pädagogischen Ziele ihrer Eltern in Frage stellt. Diese Gören sind zu dumm, um zu begreifen, dass moralische Grundsätze nicht etwa altmodisch oder uncool sind, sondern vielmehr existenziell, und zwar für uns *alle*. Den Nutzen haben die Stars, den Schaden die Gesellschaft. Deshalb sind Sido und Bushido meines Erachtens Parasiten, die man mit ihren eigenen Waffen bekämpfen sollte, nämlich mit verbaler Gewalt: Schmarotzer und Kriminelle. Schickt sie dahin, wo sie hingehören: in die Gosse!

I´m a rough guy

Hart sein (zumindest nach außen) ist heute krass wichtig für die Credibility bei der Fanbase – sozusagen. Nehmen wir als Beispiel REAMONN. Ihre Musik: Klang gewordenes Mittelmaß, seichter als SMOKIE es jemals waren, absolut hausfrauenkompatibel. Aber eine Pose, Jesses, da bekämen selbst MEGADEATH Schiss: Nietengürtel und geballte Fäuste, finstere Blicke und Tattoos bis zum Hals. Das Schaf im Wolfspelz. Einfach lächerlich.

Come On Barbie Girl...

Einfach nur SINGEN ist bei weiblichen Interpreten heute nicht mehr genug. Selbst *Shouten* reicht nicht mehr – das können eh nur die wenigsten (und wenn ich an Janis Joplin denke, muss ich sagen: das war auch schon ganz schön nervig). Das Repertoire quasigesanglicher Ausdrucksmöglichkeiten ist inzwischen jedoch sehr viel größer geworden. Dazu gehören: Quieken, Ächzen, Stöhnen, Kreischen, Hauchen, Jodeln, und sogar Gurgeln und Grunzen. Gänzlich unverzichtbar außerdem: lautes, erotisierendes Atmen. Jede Menge nonmusikalischer Informationen.

Die Protagonistinnen dieses vokalen Wahnsinns: Björk, Tori Amos, Alanis Morissette, usw., usf. Die Liste des Grauens ist schier unendlich. Offenbar geht heute an Gesangsakrobatik kein Weg mehr vorbei, auch wenn das Ganze manchmal nach gequetschter Barbiepuppe klingen mag. Oder, wie bei Shakira, ein bisschen wie Kermit. Einige empfinden all das Krakeelen bestimmt als persönlichen Ausdruck. Für mich steht es eher für den Totalverlust von Schamgefühl.

„Hamburger Schule"

Die Hamburger Schule funktioniert nach dem Schlumpfhausener Prinzip: dort gibt es nur noch Pausen. Man hängt kiffend auf dem Schulklo und internalisiert die Sprüche, die andere pubertierende Schlaumeier dort vor Jahren hinterließen. Man greift zur E-Gitarre (es muss aber eine verranzte sein), spielt Punkrock (weil Punk für den Mittelschichtsrevoluzzer *das* musikalische Synonym für Protest ist) und posaunt dazu seine trivialen Weisheiten hinaus (mit pubertärem Eifer und grimmiger Arroganz). Den klassischen Vertreter der Hamburger Schule erkennt man entgegen anderslautender Selbsteinschätzung sofort, nämlich an der siffigen Hipster-Matte und seiner Second-Hand-Uniform (Stichwort lustiges Schäferhund-Shirt). Und das alles ist dann – genau – *Die Diktatur der Angepassten.* Aber so hatten es BLUMFELD sicher nicht gemeint.

„Pure Vernunft darf niemals siegen" sangen TOCOTRONIC. Stimmt. Und Hundekot kann man nicht essen. Hamburger Schule als Gegenentwurf zu DSDS und MONROSE? Das ist wie Barbie gegen Bobby Car.

Rechtschreibreform – die Mutter aller (Wort)schlachten

Wie groß bildungsbürgerliche Borniertheit sein kann war nie offensichtlicher als im Zusammenhang mit der Rechtschreibreform. Es ging im Prinzip um nichts – doch für das Feuilleton ging es um alles. *Ein unwürdiger Eingriff in die deutsche Sprache*, so der Tenor. Doch, Moment mal, Sprache? Ich dachte, es heißt Recht*schreib*reform!

Es geht also um *Schrift*, und nicht um Sprache.

Denn während die Sprache stets evolutionären Mechanismen unterliegt (was Konservative am liebsten auch noch verhinderten) wurde die Schrift schon immer *definitorisch* festgelegt. Was also spricht dagegen, eine Schreibweise, die sowieso schon x-mal geändert wurde, erneut zu ändern? Nichts. Außer, dass man zu stur dafür ist.

Viele Aspekte der Rechtschreibreform waren sehr sinnvoll, andere vielleicht unklug. Aber muss man deshalb gleich so tun als wäre die abendländische Leitkultur bedroht? Muss man deshalb wie Günther Grass verbieten lassen, dass seine Werke – auch auszugsweise – nach der neuen

Schreibweise gedruckt werden? Glückliche Menschen, die keine wirklichen Sorgen haben.

Deutsch (sein) ist schön

Kraftausdrücke geben dem Menschen die Möglichkeit, Aggressionen gewaltfrei und doch effektiv zu ventilieren. Der im internationalen Vergleich manchmal etwas harte Klang der deutschen Sprache ist in diesem Zusammenhang ganz klar von Vorteil. Unter den deutschen Gossen-Termini ist das Wort „Scheiße" zweifellos der Klassiker schlechthin: ‚sch' und scharfes ‚s' eignen sich einfach blendend, um Frustration mit Nachdruck zu vermitteln.

Das englische „shit" dagegen klingt schon deutlich distinguierter, etwas mehr sportsmanlike. Eine mit dem deutschen Äquivalent vergleichbare Schlagkraft lässt sich bestenfalls durch das obszöne Füllwort „fucking" erzielen.

Völlig fern von befreiendem Vulgarismus ist jedoch die schlaffe „merde", mit der sich der bedauernswerte Franzose begnügen muss. Ein befriedigendes Maß an Unflätigkeit erreicht man auch nicht mit der Heiligsprechung derselben („sacre merde"). Nur wer im Stande dazu ist, seine Stimme zu diesem maskulinen Jean-Reno-Brummen zu verstellen, vermag der Sache ein wenig Biss zu geben.

Dieses lehrt uns zweierlei: 1. Irgendwie sind uns die Briten immer noch ein wenig näher als die Franzosen. Und 2. Man muss nicht Goethe bemühen, um festzustellen, dass die deutsche Sprache schön ist.

Bohlen und Ranicki – Brüder im Geiste?

Dem feinsinnigen Kulturfreund dürfte es ganz und gar abwegig erscheinen, eine geistige Verwandtschaft zwischen diesen beiden Medienpersönlichkeiten zu behaupten, wo der eine doch als weiser Literaturkenner gilt, der andere dagegen bloß als prolliger Popproduzent. Dabei haben Marcel Reich-Ranicki und Dieter Bohlen in Wahrheit eine Menge gemein: Beide können nur entweder hochjubeln oder vernichten – dazwischen gibt es so gut wie nichts. Beide inszenieren vor allem sich selbst – das Produkt, um das es eigentlich gehen sollte, ist eindeutig nachrangig. Und beide sind ziemlich selbstverliebt – weshalb sie ihren zahllosen Jubelpersern auch auf´s Wort glauben.

Der augenscheinlichste *Unterschied* zwischen diesen beiden Dampfplauderern ist, dass Bohlen die Hand, die ihn nährt, nicht auch noch schlägt. Denn während Bohlen seinen Ruhm *offensichtlich* genießt tut Ranicki so, als würde ihm all das nichts bedeuten, ja, als wäre ihm die Anerkennung egal. Und doch nimmt er jede Auszeichnung mit. Seine Eitelkeit verlangt offenbar nach Applaus.

Als ihm während der Verleihung des deutschen Fernsehpreises 2008 dämmerte, dass einige der ebenfalls prämierten Produktionen womöglich ein wenig trivial sein könnten, witterte er eine erneute Chance, sich zum kulturellen Scharfrichter der Nation aufzuschwingen. Anstatt den Preis still und bescheiden abzulehnen (wie es sich gehört hätte) veranstaltete er lieber großes Getöse – und brüskierte auf diese Weise die Preisstifter, den Moderator und sämtliche andere Preisnehmer. Das war nicht sehr anständig.

Doch die anschließende Begeisterung für Ranickis Attacke kannte keine Grenzen, nach dem Motto: *Endlich sagt´s mal jemand!* Als wenn wir nicht auch ohne sein Gerede gewusst hätten, wie doof das TV-Programm manchmal ist. Aber vielleicht hat sich auch keiner getraut, zu widersprechen, weil viele womöglich meinen, man dürfe einem so weisen alten Herren – und Juden obendrein – nicht widersprechen. Für mich ein klarer Fall von mangelnder Reflektion – oder mangelndem Mut.

Ein Tänzchen für die Architektur

Die Suche nach Schutz vor Witterung und das Bedürfnis nach repräsentativen Kultstätten brachte vor ca. 10.000 Jahren die Baukunst hervor. Wir verdanken ihr die prägnantesten und dauerhaftesten Zeichen menschlicher Zivilisation.

Seit Anbeginn bietet die Architektur neben der bloßen Erfüllung ihrer formalen Aufgaben ein großes Spektrum an kreativen Gestaltungsmöglichkeiten. Bis heute bewegt sich denn auch der gesellschaftliche Diskurs zum Thema Architektur im Spannungsfeld zwischen Funktion und Ästhetik.

Wie in anderen Disziplinen des Kulturbetriebes gilt auch für die Architektur, dass deren prominente Vertreter von einem gewissen Elitarismus geprägt sind (siehe **Kunst versus Kultur**). Das Unverständnis der breiten Masse gegenüber manchem Entwurf wird gerne auf fehlenden Verstand zurückgeführt, ohne zu bedenken, dass es eben diese Masse ist, die *mit* und *in* diesen Gebäuden leben muss. Deren Bedürfnisse zu berücksichtigen wäre dementsprechend nicht etwa Anbiederung, sondern, im Gegenteil, ganz und gar gerecht. Erstrebenswert wäre also eine Architektur, die mehrheitsfähig ist und gleichzeitig eine ästhetische Relevanz besitzt.

Überall da, wo massenhafter Bedarf gedeckt werden muss – nämlich für Wohnraum und Dienstleistungsflächen – ist eine Gleichförmigkeit der Entwürfe unausweichlich. Neue, geniale Konzepte sind kaum noch zu erwarten, bestenfalls eine graduelle Optimierung auf Basis stadtplanerischer Erfahrungen. Lediglich exponierte Anlässe geben immer wieder Spielraum für exponierte Architektur, wie etwa Museums- oder Theaterbauten.

Manch großartige Idee hat jedoch schon deshalb keine Chance, weil die Kultur-High-Society nun mal ausgesprochen Star-affin ist – obwohl die Entwürfe des Architekturadels oft genug in Beliebigkeit ersaufen. So gilt beispielsweise Renzo Pianos Masterplan für den Potsdamer Platz inzwischen selbst bei manchem, der damals ganz begeistert war, als im Grunde genommen langweilig. Mancher No-Name-Architekt hätte vielleicht ein viel aufregenderes Konzept entwickelt. Zu spät. Genauso wie für das...

- Berliner Schloss

Eine der faszinierendsten architektonischen Herausforderungen der letzten Jahrzehnte war die Neugestaltung des Schlossplatzes in Berlin. Oder besser gesagt: Sie hätte es sein können.

Nach wie vor beschleicht manchen der unangenehme Eindruck von Siegermentalität, wenn er an die Zerstörung des Palastes der Republik denkt: Das repräsentativste Bauwerk des Verlierers musste um jeden Preis geschleift werden. In früheren Epochen war man in solchen Angelegenheiten allerdings viel unverkrampfter: Man hätte nicht erst umständlich eine Asbestverseuchung vorgeschoben, um eine Legitimation für den Abriss zu bekommen. Fakt ist jedenfalls, dass es dem architektonischen Symbol der DDR genauso erging wie dem des Preußenstaates. Und was jetzt?

Die amüsanteste und ganz sicher symbolreichste Lösung wäre es gewesen, auf der entstandenen Brache einen Kleingartenverein anzulegen. Karotten und Sonnenblumen dort, wo zuvor mehrere Generationen von Diktatoren ihre Macht durch Prachtbauten demonstrierten – eine herrliche Botschaft. Nie mehr Diktatur, nicht vom Kaiser, nicht vom Führer und auch nicht vom Proletariat. Nun gut, dafür hätte sich wohl keine Mehrheit finden lassen.

Viele Jahre haben die Lobbyisten ganze Arbeit geleistet, jetzt geht kein Weg mehr daran vorbei: Das alte Schloss wird kommen. Moment: Das alte? Natürlich nicht, und noch nicht einmal eine würdige Kopie – wie etwa bei der Frauenkirche in Dresden. Diese wieder aufzubauen war aus zwei Gründen sinnvoll: Zum einen ist ihre Rekonstruktion ein bewegendes Symbol für die Versöhnung der Völker Europas, denn es beteiligten sich viele Menschen aus anderen Ländern an der Finanzierung. Der Wiederaufbau des Schlosses dagegen ist nur ein Symbol für Konservativismus. Außerdem stellt die Frauenkirche einen einzigartigen architektonischen Entwurf dar, im Gegensatz zum Schloss – denn Barockschlösser gibt es viele. Die Frauenkirche wurde zum größten Teil aus Sandstein gefertigt, das Schloss dagegen bestand mehrheitlich aus schnödem Backstein. Historisch relevant ist hier gerade mal die Außenhaut. Rekonstruiert wird also folgerichtig nur die Fassade, dahinter dominieren Stahl und Beton. Ein potemkinsches Dorf also.

Dazu kommt, dass die Betonwanne des Palastes der Republik erhalten bleiben muss, weil sonst die Gefahr bestünde, dass sich der Grundwasserspiegel in der gesamten Gegend verändert. Das bedeutet: Der Wiederaufbau des Schlosses entsteht auf den Ruinen des Nachfolgebaues des Vorgängerbaus. Verstanden?

Die einzig vernünftige Alternative zum vermeintlichen Wiederaufbau wäre gewesen, auf diesem Areal ein neues, eigenständiges Gebäude zu errichten. Ein Entwurf, der der historischen Bedeutung dieses Ortes gerecht wird, in dem er gerade *nicht* historisierend, sondern mutig und eigenständig ist. Ein Entwurf, der – bei aller Kontroverse – seinen Weg auf die Postkarten Berlins gefunden hätte. Das haben die (stink-) Konservativen leider verhindert. Jammerschade.

- Stararchitekten – Sklaven des Ruhmes

Die Frage, ob es ethische Barrieren geben sollte bei der Entscheidung, welche Aufträge man annimmt und welche nicht, scheint viele Stararchitekten nicht wirklich zu beschäftigen. Den größten Bauboom der Gegenwart gibt es in zutiefst undemokratischen Ländern, und es sind oft genug dieselben Promis, die den Diktatoren der

Welt ihre Prestigeobjekte anliefern. Ein chinesisches Nationalmuseum ausgerechnet auf dem Platz des himmlischen Friedens, wo 1989 friedliche Demonstranten von Panzern zermalmt wurden? Das macht Meinhard von Gerkan keine Gewissensbisse.

- Europa: ein Museum?

Mancher beklagt, dass es in Europa kaum noch mutige, großdimensionierte Bauprojekte gibt, und dass sich architektonische Highlights beinahe überall ereignen, nur nicht in den bisher so trendrelevanten europäischen Metropolen. Aber worum geht es denn beispielsweise bei der Errichtung eines Wolkenkratzers? Die hochgelobten technischen Raffinessen der jüngeren Hochhausentwürfe (meist zur Verbesserung der Energieeffizienz) sind doch nur Feigenblätter für die eigentliche Motivation: Es geht um Prestige, um Größenwahn, um die Frage: Wer hat den längsten – Wolkenkratzer?

Dieses etwas dumpfe Ziel nicht mehr zu fokussieren hat meines Erachtens nichts zu tun mit dem Verlust von Visionen, sondern im Gegenteil, mit einem Zuwachs an Niveau. Wir kümmern uns lieber um den Erhalt der über Jahrzehnte, Jahrhunderte gewachsenen Silhouetten unserer Städte und halten uns mit großen Statements lieber zurück.

Anders ist die Situation in Moskau – natürlich. Denn die Oligarchen und Neureichen lieben es prächtig. Man will hoch hinaus, vielleicht auch als Kompensation für die verloren gegangene Weltmachtstellung. Da kommt der Plan für den Russia Tower, einem gläsernen Dreieck von mehr als 600 Metern Höhe, gerade recht. Und wer entwirft dieses Monstrum? Na klar, Sir Norman Foster.

Und noch ein Beispiel für den phallischen Irrwitz: der Burj Khalifa in Dubai erstreckt sich über 800 Meter in die Vertikale. Als wenn es in der Wüste nicht genug Platz in der Horizontalen gäbe.

- Hafen-City

Die Bebauung des alten Hamburger Hafengebietes nimmt langsam Form an. Und schon hagelt es Kritik: Es war beispielsweise die Rede vom *babylonischen Formengewirr*. Aber das stimmt nicht, denn es herrscht das Diktat des rechten Winkels. Anbetracht der äußerst heterogenen Oberflächen der neuen Gebäude wäre es vielmehr angemessen, von einem babylonischen *Baustoffgewirr* zu sprechen.

Ein Beispiel dafür, wie man es hätte besser machen können steht ein (Back)-steinwurf entfernt: Die Speicherstadt. Obwohl nur wenige Gebäude baugleich sind passt trotzdem alles irgendwie zusammen. Warum? Ganz einfach, weil der gleiche Backstein verwendet wurde.

Ein intelligenter Masterplan hätte der Hafen-City gut getan. Leider zu spät. Aber vielleicht kommt ja wenigstens noch das ein oder andere Highlight...?

- Elbphilharmonie

So faszinierend das Phänomen der ewig jungen Formen der klassischen Moderne auch sein mag (siehe **Es ist alles gesagt – das posthistorische Zeitalter**) vermissen doch viele Menschen in der Architektur der Gegenwart das dekorative Element. Sehnsuchtsvoll schaut man zurück auf die gute alte Zeit. Die Folge ist Historisierung, die manchmal absurde Formen annimmt: Inzwischen muss offenbar alles, das irgendwie betagt ist, bewahrt werden.

Während man die lediglich beschädigte Kehrwiederspitze – bis zum Krieg eines der bekanntesten Hamburger Wahrzeichen – in den sechziger Jahren einfach abräumte, glaubt man heute allen Ernstes, einen Backsteinbunker wie den Kaispeicher A, der später auf diesem Gelände entstand, erhalten zu müssen. Nun gut, wenn dieses Ding denn stabil genug ist, um ein neues Gebäude daraufsetzen zu können, warum nicht. Und die Elbphilharmonie ist zweifellos einer der wenigen Hingucker in der Hafen-City.

Tatsache ist jedoch, dass die Elbphilharmonie *nicht* auf den Kaispeicher aufgesetzt wird, vielmehr wurde dieser vollkommen entkernt, sodass gerademal die Außenwände erhalten blieben. Mauern aus Backstein, ohne Ornamentik und ohne historische Relevanz. Eigentlich lächerlich.

Viel aufregender dagegen wäre eine Aufstockung auf dem Bunker am Heiligen Geistfeld. Diesem unerhörten Naziklotz eine leichte, moderne Konstruktion aufzusetzen – vielleicht eine gläserne Spirale – wäre ein faszinierendes Statement: Die fragile Skulptur auf dem Dach des steinernen Monstrums, die Freiheit der Moderne gegen den Wahnwitz des Totalitären.

Und den Bunker müsste man noch nicht mal entkernen. Der hält auch so.

- Waldschlösschenbrücke

Die Debatte um den Bau einer Elbquerung in der Nähe der Innenstadt von Dresden war geprägt von Propaganda und Polemik. Die Presse kramte Fotos und Gemälde von Dresdens berühmter Silhouette hervor – die Botschaft dabei: All diese Pracht ist nun bedroht. Fast so dramatisch wie der Bombenterror von 1945!

Alles Unsinn. Die Brücke, um die es hier geht, wird mehrere Kilometer entfernt von der historischen Altstadt elbaufwärts gebaut. Das einzige, was bedroht ist, ist ein einziger *Blickwinkel* auf die Stadt, nämlich durch das Elbtal, elbabwärts Richtung Altstadt. Ein schöner Blickwinkel, zugegeben. Aber ein paar Meter weiter – also hinter der Brücke – wäre alles ganz genauso prachtvoll wie zu Canalettos Zeiten. Also kein Grund, in Panik zu verfallen, und auch kein Grund, Dresden den Weltkulturerbe-Status abzuerkennen.

Manchmal mündet Historismus in Hysterie.

Der kleine, nervige Prinz

Ein depressiver Bub aus adligem Geschlecht lebt einsam auf einem Miniaturmond. Gesellschaft leistet ihm nur ein kapriziöses Blümchen, und obendrein gibt es dort oben noch einen winzigen Vulkan. Als dann endlich mal Besuch hereinschneit enerviert der Knabe seinen Gast mit allerhand mittelmäßigen Weisheiten, darunter *den* all-time-number-one-Gassenhauer aller Poesiealbum-, Pinnwand- und Kühlschranktürsprüche: *Man sieht nur mit dem Herzen gut*.

Ich verstehe das nicht. Vielleicht bin ich für so etwas einfach zu rational: *Ich* sehe mit den Augen, und *höre* mit den Ohren. Die so gewonnenen Informationen ergeben auf Basis meiner Erfahrungswerte (oder: Menschenkenntnis) in meinem *Gehirn* ein Bild: Dieser Mensch ist nett, und jener ein Idiot.

Und außerdem: Was soll die Sache mit dem Hut? Verzeihung, kein Hut, sondern eine Schlange, die einen Elefanten verschluckt hat. Frage: Bin ich etwa beschränkt (oder besser: zu phantasielos), nur weil ich selber nie auf diese schräge Idee gekommen wäre?

Und schließlich: *Mal mir ein Schaf*. Wieso keinen Elch? Oder eine Giraffe? Hund, Katze, Maus?

Für so etwas sind, denke ich, meine Hirnwindungen nicht rechtwinklig genug.

* * *

Viele Menschen verspüren Sehnsucht nach Tiefgang – obwohl sie selber oberflächlich sind. Und sie suchen nach Weisheit – obwohl sie doch zu schlicht sind, um diese zu erkennen. Deshalb merken sie auch nicht, dass sie abgezockt werden, wenn man ihnen säckeweise Seelen-Fast-Food verkauft – Balsam für die Herzen der *Krieger des Lichts*, wie es Paulo Coelho in seiner Wirrnis nennen würde.

Wie wär es etwa mit ein paar kryptischen Sprüchen von asiatischen Gelehrten oder indianischen Medizinmännern, dekoriert mit Bildern von exotischen Blumen, oder nebelverhangenen Bergen, oder schmuddeligen, kuhäugigen Kindern vor verfallenen Hütten, irgendwo im Himalaya? Es gibt da zwar nicht den leisesten

Sinnzusammenhang – aber es fühlt sich doch so wohlig warm an.

Alles das ist schrecklich flach und trivial. Sentimentale Sülze.

Womit wir wieder am Anfang wären.